（旧）清水三郎右衛門宅（正面）

午房ケ平

上津家宅　村の中心地

写真：越前町役場 山口課

立石半島を望む

午房ヶ平の入り口

「ざくろの花」 岬 奈美　画

花散る時

戦国と落武者六人衆の真実

岬　奈美

JDC

はじめに

平成二十八年——山の木々も色づき始める頃、幼い日の思い出の地、祖母の里、越前町牛房ケ平へ一泊旅行。そこで聞かされた衝撃な話。

「先祖は、落武者だった！」

戦国の武士ならば、死に場所は戦場、生きるも戦場。何故、何があったのか・・・。

四三八年前の「若武者六人衆」、著者を介して、その真相を明らかにする。

歴史の道を辿って、五年目。追い求めて来た六人衆の出身地が判明した。その先に、あの「本能寺の変」に繋がった。覇者達の権力闘争に巻き込まれて、若狭武田家と近江京極家の若侍は、光秀の援軍となり、出陣していた。そして、この両家の運命、あまりにも悲しすぎて、歴史感をも一変させた。

武田家の縁戚に限っては、光秀の母が、武田元明（最後の主君）の父（義統）の妹と言う。義統（父）の正室が、足利義昭の妹。

戦乱を生きた武将達、そこに仕えた六人衆、その取り巻く背景を、本書は、史実的に、時には語り、和歌を散りばめながら迫ってみたい。

皆様がご存知の日光東照宮、「見ざる」「言わざる」「聞かざる」三猿の教え。

これが、信長の死や光秀に大いに関わる「暗号」だとしたら、驚くことだろう。

その謎解きへと繋がれば、天正十年六月二日の戦国の世に、タイムスリップする筈です。

プロローグ

村の言い伝えを記憶している、九十三歳のたまえばあちゃん（祖母方の親戚）が言う。

「先祖の六人衆は、若狭方面から敦賀を通り、河野村から登って逃げて来た。歩いた跡を消しながら（草木を手直し）辿り着く」

そこが、越前町の「午房ケ平（ごぼうがだいら）」だった。犬の鳴き声もだめ、煙りを立てる事も我慢しながらの辛い生活だったと言う。落武者六人衆は、誰の家来だったのか？　その歴史を訪ねる為、「若狭神宮寺」との見学の電話予約が整い、お目にかかる機会を頂いた。日本の歴史、寺の歴史を説かれていた最中であった。

「貴方が探しているのは、武田元明さんではないのか、そんな気がする」

「あの方なら、この寺の桜坊に幽閉されていた。光秀への加担のいちゃもんをつけられて」

「元明さんは、切腹させられた。目的は竜子さんだった。何度もこの寺に恋文が届いて、それは、それは、絶世の美女だったそうな」

「水上先生の『鼓笛』、一度読んで見なさい」


――そこには、武田家の最後の叫びが綴られていた。

ある時、歴史家の先生から、「歴史は現場を見る事」と二回にわたり案内され、ルートを巡っていたその帰り道に、先祖のお寺に立ち寄った。そこで目にした墓石に、〝上津氏〟、「石持ち地抜き隅立て四つ目結」の家紋。これは、武田家の家紋ではない。京極家に関係がある。小浜に六人衆の名を探している時、倉谷や清水の姓が十軒。歴史書に名を連ねる「清水三郎右衛門」家に辿り着いた。倉谷の姓も屋号刊(かぎせん)も一致する。

しかし、「両家の侍」が出陣した戦さとは、いったい何か？　山積の歴史書、資料を必死に読み漁る。あった！　一致するのは「光秀」だ。

やはり、「本能寺の変」関連以外には、六人衆の合流は考えにくい。

それは、長浜城攻めと佐和山城攻め！

長年、追い求めていた道に、一筋の光が差す瞬間であった。

二〇二〇年六月。上津家の先祖と思われる方から、重要な資料が送られて来た。

それは、「近江源氏」の流れを汲む、京極家の執事、及び代々六臣であった多賀氏所有の「古文書」であった。歴史家でもある（清伝寺）多賀兼氏の熱意の賜物である。

そこから見えて来たのは、著者の先祖、上津四郎右衛門の名前（大清水村）。

そして、多賀左近、角左衛門、宮川宮内右衛門、惣左衛門と名を連ねている。

やはり、「六人衆の落武者」は、京極、武田の両家の中枢にあり、活躍していた証拠である。

過去帳でも歴史帳でも、名が残る侍衆だったことに感銘を受ける。

花散る時

戦国と落武者六人衆の真実／目　次

はじめに …… 3

プロローグ …… 5

第一章　魔の手が迫る

表紙について
福岡紫石画伯（義兄）のお城
岬奈美の朝焼けのスナップ写真による（コラボ作品）

ざくろの花…岬奈美のスケッチ

午房ケ平の風景写真…越前町役場…（山口課長による撮影）

本著の発刊に際しましては、多くの皆様方のご協力を頂きました事…心より深く感謝申し上げます。

第一章

魔の手が迫る

一　「若狭源氏」

若狭武田家は、清和天皇（第五十六代）の流れを汲む中世の武家の名門。源義清とその一族で、常陸国那賀郡（武田郡）茨城県ひたちなか市の武田の由来。鎌倉時代、頼朝の信頼を得て、信光が惣領となり、信宗の代では安芸の守護になる。

一方の甲斐は、政義が守護に。そして、南北朝時代には、一つになった。若狭武田は安芸武田氏で、守護一国でなく、安芸の国、佐東郡、安南郡、山県郡も領地であった。若狭への転機は、一四四〇年五月十五日、足利義教から信栄（初代）に、若狭、三河、丹後の守護を兼任させよとの仰せあり。一色義貫を謀反し、恩賞として若狭一国の守護となる（戦国の世で、甲斐の武田が分かれる）。

元信と元光が全盛期で、公家や文化人と交流を深め、

「文筆、歌道、弓道堪能人」

と称される。五代目元光は、一五二二年、後瀬山に城を築いた。

標高一六八メートル（小浜市伏原）北西部に畝状の堀。若狭を東西に通過する街道を足下に置き、小浜港を眼下に見下ろす。山麓に長源寺、西麓に空印寺、守護居館。

日本海交易の観点から若狭は、その主要港として、和泉の「堺」か、若狭の「小浜」かと例えられた。

元光の時代、桂川原の戦いで大敗し、多くの家臣を失った。そんな中、信豊に相続させると、粟屋（重臣）と信孝とが反乱を起こし、信豊と義統間の争いとなり、身内と家臣が分裂。状況打破の策として、義統は足利義晴の娘を娶る。

しかし、義昭が武田を頼って来ても、後ろ盾にはならず、一乗谷へと去って行く。父子間での争いに乗じた朝倉義景は、一五六八年八月十三日、後瀬山城の元明を拉致し、連れ帰った。

十四年後「本能寺の変」。「光秀に加担した」の理由を盾に、海津の宝幢院（ほうどういん）へ呼び出された元明は、秀吉の面前で「切腹」を迫られ、自害。源氏の名門、若狭武田家は滅亡する。

土岐枝流宮川系
家紋桔梗嫡領
幕菱切輪

人皇五十六代
清和天皇
文徳天皇太子母染殿后藤原明子
後号水尾帝惟仁 天安二年十一月
九歳年即位年号貞觀在位十八年
元慶三年九月落飾同四年十二月
崩年三十一葬粟田山

貞純親王
桃園親王清和帝第六皇子延喜十六年五月七日薨
右大臣能有智能有文徳天皇 子也文學弓馬道
達人也貞純男能有武道相傳軍事與儀至極メ自
武家成

若狭武田家、最後の城主武田元明の墓
（滋賀県高島市マキノ町海津・宝幢院）

―― 「近江源氏」

中世の近江では、鎌倉時代全盛期に、十数ケ国を領有支配していた守護大名（佐々木氏）がいる。第五十九代宇多天皇の皇子「仁和寺宮敦実親王」を始祖とし、その皇子雅信の時、「源氏」の名を賜った。

その子孫が「宇多源氏、近江源氏」と称した。近江の守護、佐々木定綱の子、信綱は平安末期、頼朝に属し源平合戦に活躍したが、一族の多くは「承久の乱」で、後鳥羽上皇に味方し没落。その中で、幕府方についた「佐々木信綱」の流れが、佐々木の主流になる。

信綱亡き後、息子四人、長男（重綱）は坂田郡大原荘の地頭、次男（高信）は高島郡田中郷朽木荘の地頭、三男（泰綱）が宗家を継ぎ、近江の守護となり、近江南六郡と、京都六角の館を与えられた（六角）。四男（氏信）は、近江北六郡と京都高辻にあった館をもらう（京極）。

三男と四男が厚遇されたのには、母が執権北条泰時の妹だった事にある。

陽成天皇ノ孫
人王五十九代
宇多天皇

宇多ノ源氏
吉清迄代略シ

佐々木
吉清　数代也
五郎
隠岐ノ元祖

吉清ヨリ数代也
隠岐兼広
セヲ略ス

京極高清上平城美城ノ際大人ノ家ノ一也（大人ノ家ハ多賀大津隠岐黒田
若宮加賀（名加賀）右六家也但シ其多クハ佐々木ノ支流也
兼広
古文書曰ク隠岐修理亮ト号シ京極高清公奉公云々ト記せり

兼泰ノ大岐ノ大輔家名ヲ隠岐改大岐ト号ス
兼信

大岐助兼次本家相続也
伊助
左エ門ト号ス

当時、近江の強大な勢力を持った佐々木氏を牽制しようとする、北条執権のねらいがあった。

三男の六角氏が守護になったが、他の三人の兄妹は、被官とはならず、直接、鎌倉幕府と結び付いた。その後、鎌倉滅亡。南北朝の内乱が続き、この時、台頭したのが佐々木高氏（氏信の孫、京極道誉とも言う）である。茶道、立花、連歌に精通する傍ら、室町幕府の重職となり、六ケ国の守護を拝領。

高氏は、さらに幕府の長官を世襲する「四職家」にも名を連ねた。六角を凌ぐ京極と勢力の弱まる六角氏に・・・。

一五六八年、観音寺城の戦いが起きる。家臣は、信長に寝返りする者あり。義賢父子は無血開城のまま、甲賀へ逃亡。この様は、「君臣上下の分かちなく、上を下へと観音寺坂を下り立ちて、女、子供は声を限りに悲しみあひて、誰かれと叫ぶ声々」（信長公記）とある。

六角氏の中枢にいた甲賀の一部の武士は、信長の家臣となる。

秀吉の（全国統一）頃は、甲賀の大半は農民に鞍替えし、大名の諜報、警備、鉄砲隊など、甲賀武士の戦力はゲリラ戦に長けていた。

「宇多源氏」の流れとして、江戸時代まで受け継がれたのは京極家であった。本能寺の変では、「光秀への加担者」の罪を免れ、後に近江高島郡（二五〇〇石）を与えられる。その陰には、竜子（姉）の痛ましい犠牲があった（一―七、一―八の項目参照）。

京極高次は、関ケ原の戦いでの功として、家康から「若狭一国」を授かり、武田元明の地に小浜城を築城する。京極氏の菩提寺は清瀧寺徳源院で、初代氏信が開基した天台宗の寺院である。

京極氏の菩提寺清瀧寺　徳源院

一―二　落武者の故郷　小浜と大清水と越前

六人衆が生きた戦国の世、「武士とは戦さに出陣する事が本分」と言われたそんな時代に起きたのが「本能寺の変」だった（天正十年六月二日）。

信長の死を聞いた武田元明は、再起を考え若狭衆（信長に通じていた重臣達）を説得する。武田家の侍達は、これまでの元明の不遇（家臣の分裂や内紛、朝倉の拉致）を思い、「今こそチャンス、主君を再び守護大名に帰り咲かせたい」との願いを指物に込めて、近江の国、長浜城、佐和山城へと出陣して行った。

目的は、光秀の援軍として、両城を陥落させる事。

その参戦者の中に、武田方と京極方、両家に跨る六人衆がいた。武田側の六人衆、民谷、岡村、はたや。遅れて平の里に来た落武者、倉谷、西ヶ塙、重谷、嶽、坂本、佐門。この中に名門の子息がいた。

たまえばあちゃんの言い伝えに、

「清水さんは金持ちだった」

その人が、歴史書に登場する（三郎右衛門家文書）落武者の一人、清水さん。

小浜市本保（旧住所――遠敷郡本保村宮川本保）の大庄屋の清水家は、貢租、普請、山輪、村方の騒動を束ねる旧家である。

明通寺の寄進札に、清水小四郎勝政、十貫文と記されてある。高額寄進者の中には、倉谷出雲守長相（ながすけ）、新兵衛尉、新介、孫左衛門の名もある。

若狭武田家には、京極高次の姉（竜子）が輿入り、以前から武士の交流も盛んに行われていた。京極家の知行地が各地にあり、三方郡佐柿（多賀越中）、高浜（佐々義勝）、遠敷郡の本保村（内藤八右衛門）、地方知行地に給人（武士）十人がいた（三郎右衛門家文書）。

知行地とは、大名が家臣に対し、禄として与える所領である。そこに付属する形で与え、支配させること（多賀越中の十五条）。多賀氏とは、佐々木京極家の重臣で、代々、京極家を支えた功臣の家系である。

知行地には、百姓十八人、六人、三人と、それぞれの給人（武士）に割り振られ、多くの村は、複数の給人の知行地だった。

小浜では、名の知らない人はいない「清水三郎右衛門家」、その子息の一人が、

「平（だいら）へ追っ手が来ないか」

と、草も刈らずに堪えていた。

昭和初期頃清水さんは、

「平の里やこの家には、思い出がいっぱいあるが・・・」

こんな辛い別れの言葉を最後に、村中の人達に見送られたと言う。

その三郎右衛門家は、上津家（著者の祖母の実家）へと、譲り渡された。

清水三郎右衛門家文書

五郎左衛門	○仁右衛門
茂左衛門	小兵衛
奥大夫	庄左衛門
孫七郎	八郎右衛門
三郎兵衛	二郎左衛門
庄兵衛	作右衛門
徳兵衛	善兵衛
◯三郎右衛門	助左衛門
四郎大夫	□

本保村は本保と奥本保からなり、村内を本保川が流れる。西は山を越えて中世の太良荘域に接し、北は同じく山を越えて矢代浦に至る。近世の村高は六二四石五斗一升、家数は文化四年(一八〇七)に五一軒であった。

清水家は中世の宮川保以来この地の有力農民で、近世には代々三郎右衛門を名乗り、本保村の庄屋等を勤めた。調査文書は中世八点を含め約三〇〇点にのぼる。

一号は宮川保内に散在する神田と寺田の面積・分米・作人名等を記したもので、年未詳ながら中世末頃のものと思われる。四号は五号とともに浅野長吉が農政の基本とした法令で、作合否定を通じて直接作人を掌握しようとしていることがうかがえる。これと同様の条項を持つのが木下勝俊によって出された八号である。六号は浅野氏の給人知行を示す史料で、六二〇石余が六人の給人に与えられ、百姓も同じく六つに分けられていたことが知られる。

近世関係では庄屋役にかかわるものが多く、貢租・村方騒動・山論・普請・貸借証文などを中心とし、他に支配や救恤・村方一般・家関係なども含んでいる。このうち本巻には京極氏時代のものと村方騒動・山論を中心として、一部支配（法令）や貢租に関するものを収めた。

京極氏の支配に属するものでは、地方知行制に関するもの、および村方の争論関係が注目される。特に地方知行については一六号から、まず三人の相給とされ、その後度々知行地の割替えが行われたことが知られる。後者は初期村方騒動として把握できるが、同種の問題は寛永期(一六二四〜四四)以降の庄屋役をめぐる諸文書にも連続して見られ、これらを通して小百姓層の成長の一端が具体的にうかがえる。山論関係は前期のものにみるべきものがある。そのうち慶長一七年（一六一二）の二点（一〇・一一号）は村方騒動の性格が強い。その他は主に矢代浦や太良庄村など近村との山争いに関するもので、当村に有利

八郎兵衛・宗寿訴訟ニ付返答書

八郎兵衛・宗寿訴人返答書

一、拙者抱申田地之内ニ八石ノ余米出シ申候由全いつハり
ニて御座候、（浅野長吉）弾正様御代ニ拙者祖父二郎左衛門と申者
算用違御座候ニ付而、脇百姓新右衛門と申者御給人杉
原清三郎殿へ申上候へハ、二郎左衛門さたのかきり之
由被仰、科米として五石御取被成候由承伝申候事、

一、京極様御代ニ内藤兵庫殿給人ニて御座候時、新兵衛と
申者私親とあいさつ悪敷御座候ニ付、右之五石ノ米田
地之余米ニ御座候由訴人ニ罷出候処ニ、兵庫殿ゟ其分
も斗申候様ニと被仰付候へとも色々ことハり申上、其
上本年貢さへ大分未進御座候ニ付而、重而ハ一言不被
仰渡候事、

一、兵庫殿後ニ尾関甚右衛門殿へ渡り申候時、五石之米之
様子多賀越中殿・佐々九郎兵衛殿・堀田勘解由殿・村
井与兵衛殿・笠原太郎右衛門殿へ被仰候へハ、拙者と
年寄申候百姓と罷出候へ由被仰付候ニ付而、（寛永七年）かのゑ午
ノ年五月朔日ニ▨▨藤内と申者と私〇（罷出）ことハり申上、
同三日ニ相済申候、右之藤内未存命ニて罷有候間被召

天正十年六月二日、信長が逝って直後、京極家の侍衆は出陣の仕度に余念がない。六月四日、明智軍、京極軍は、秀吉の長浜城へ。丹羽長秀の佐和山城へは、近江、若狭衆が攻撃。両城は陥落する。

翌日五日に占拠。この時、近江の大清水（米原市）から、多賀氏筆頭に、上津四郎兵衛（著者の先祖）、四郎左衛門の兄弟。柏原村須川からは、遠藤主膳の子息、孫作、喜三郎、仁兵衛（落武者六人衆の一人）が参戦。

上津家の北東（清水神社）隣に、弓道、剣道、馬術訓練場、そして、名水百選の大清水。北に伊吹山を仰ぎ、その眼下に上平寺城、伊吹神社。山麓には、京極館、南方に、家臣の屋敷（豪士の浅見、黒田、若宮、加州、西野、多賀、隠岐、弾正）、そして、城下町。

上平寺城（近江最古の城）は以前、浅井の挙兵により落城。その後、城は大清水へ移る。この地は、地理的に大津城からは九十キロ、彦根城からは三十五キロ。大清水には、「宇多源氏」の流れ、多賀越中守、三左衛門がいる。それぞれの石高として、越中守（一万三千石）、三左衛門（二千石）、孫右衛門、忠大夫（二百五十石づつ）。

この時代、京極家の知行地は若狭に数多くあり、三左衛門は、太良庄村に越中守十人の給人を置き、土地、財産を直接支配し、その用益権を行使した。

そしてこの家系は、清伝寺の住職でもあった。本寺である「大楽寺」仏光寺派浄土真宗は、「光秀の土岐一族」と、大いに関わりを持つ寺である事に注目。

清和天皇（第五十六代）後胤、多田右衛門尉（従四位下）三河守、頼綱二代の孫、土岐孫四郎「頼貞」は、平治の乱に、源頼朝に従い戦死。その末子「頼直」は民家に隠れ、江北、天泉所（大清水）に土岐の姓を「宮川」に改め住んだ。

多賀氏の清伝寺は、開祖（藤大夫）だが、寺の裏書きに、上平寺城落城後、近江源氏（佐々木京極公の六臣）隠岐修理充末裔が出家と記す。

◇土岐一族を「宮川」姓に改名する。

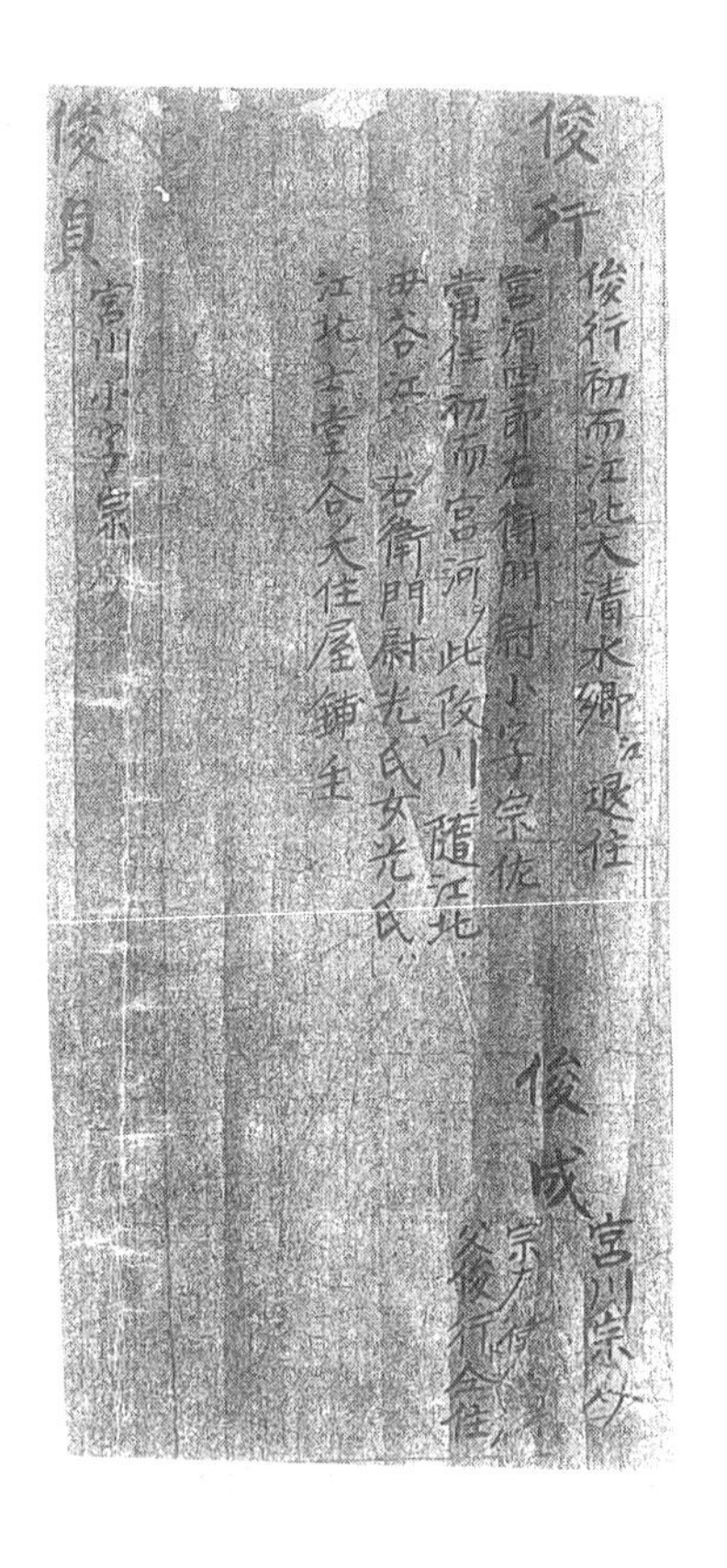

俊行

俊行初而江北大清水郷ニ退住

宮河西部右衛門尉小字宗佐

當住初而宮河ノ此段川随江北

母谷氏　右衛門尉光氏女光氏ハ

江北士堂ノ谷大住屋鋪主

俊成　宮川宗夕

宗ノ倅　俊行倉住

俊貞　宮川小字宗ゟ

土岐孫四郎「頼貞」の末子「頼直」は平治の乱に民家に隠れ生き延びた。江北（大清水）米原市に逃れ、生を「宮川」に改め住んだ。

隠岐氏とは、京極高秀、高詮の時、隠岐出雲を領するが故に、隠岐と称し、後に大清水に移住した。寺は、隠岐氏から大岐氏、多賀氏へと移ってくる。

（江州佐々木南北諸士帳）

◇多賀豊後守（河内八光山城主）
◇大津弾正　正高（佐々木京極兵氏族）
◇多賀内蔵亮（佐々木京極随兵氏族）
◇多賀新左衛門（佐々木京極随兵）
◇多賀新右衛門（佐々木京極随兵）
◇上津四郎兵衛（佐々木京極随兵）（午房ケ平の六人衆）
◇上津四郎左衛門（佐々木京極随兵）
◇遠藤主膳と子息（佐々木随士）
（孫作、喜三郎、仁兵衛、柏原村須川）

遠藤氏はその先、鎌倉武士にして、柏原庄須川に、所領を得て移住する。

（注）大清水の泉神社境内に、土岐一族、頼直（土岐小太郎）の墓がある。
（一五八二年六月二日の記述）法名地大楽寺開基（宮内右衛門という）

近江・木間攫（こまさちえ）

これは、湖東、湖北の地誌で、彦根藩下の（犬上、愛知、神崎、坂田、浅井、伊賀の六郡の郡別の山川、名産、神社、寺院）の不充分を補足する意味で、木間攫と称す。

当村（大清水村）には、生土神の社地の脇に、大きな清水があった（村名の由来）。

昔、この辺りに、多賀左近、角左衛門、宮川宮内右衛門、宮川惣左衛門、上津四郎右衛門（著者の先祖）等の武士の居があり、その宅地跡がある。多賀氏の素性は、「犬上郡多賀村に住み、江北家に仕えし、多賀氏は「源氏姓」と見られる」と記す。

近江の国に縁が深い光秀（犬上郡多賀町佐目出身の坂本城主である）、以前、田中城（高島市）に籠城した際、医師として皆に教えを授けた。

人々への慈愛は並々ならぬ光秀公であった・・・。

光秀の出身地は、近江の国、佐目の里と判明。明智十左衛門という侍が濃州（美濃）から来て、二～三代住み、その息子は十兵衛光秀と記す。朝倉義景の所へ、二百石の約束、と言う。

明智氏

※ニモ明智丸ト
云館有

※其後信長公へ出
ルト云

※佐目之里ニ※明智十左衛門ト云侍濃州ヲ退
二三代居ス息十兵衛光秀越前義景エ弐百石ノ
約ニテ越ス道ニ川流之大黒天ヲ拾ケル扨至一
乗之谷テ諸士ニ是ヲ語見ケル諸士之曰大黒ハ
千人之頭ト云コトニ川流ヲ猶尊信シ利益ニ叶
ト云フ光秀曰ク吾千人之大将ヲシ非本望トテ
捨ケルト云※果テ万士之大将ト成暫モ天下ヲ
知事生付テヨリ度量広事如斯元江州生国故山
崎表合戦節当国衆多ク与力シテ皆世ニヲチケ
ルト

◇宮川四郎右衛門尉と一族の方々

土岐頼貞は、源頼朝に従い戦死したが（平治の乱）、その末子である「頼直」は、民家に隠れ生き残った。姓を「宮川」と改め、大清水（米原市）に移り住む。「本能寺の変」では、土岐一族として、光秀の援軍に加わり、天正十年六月二日死去。泉神社境内に墓がある。

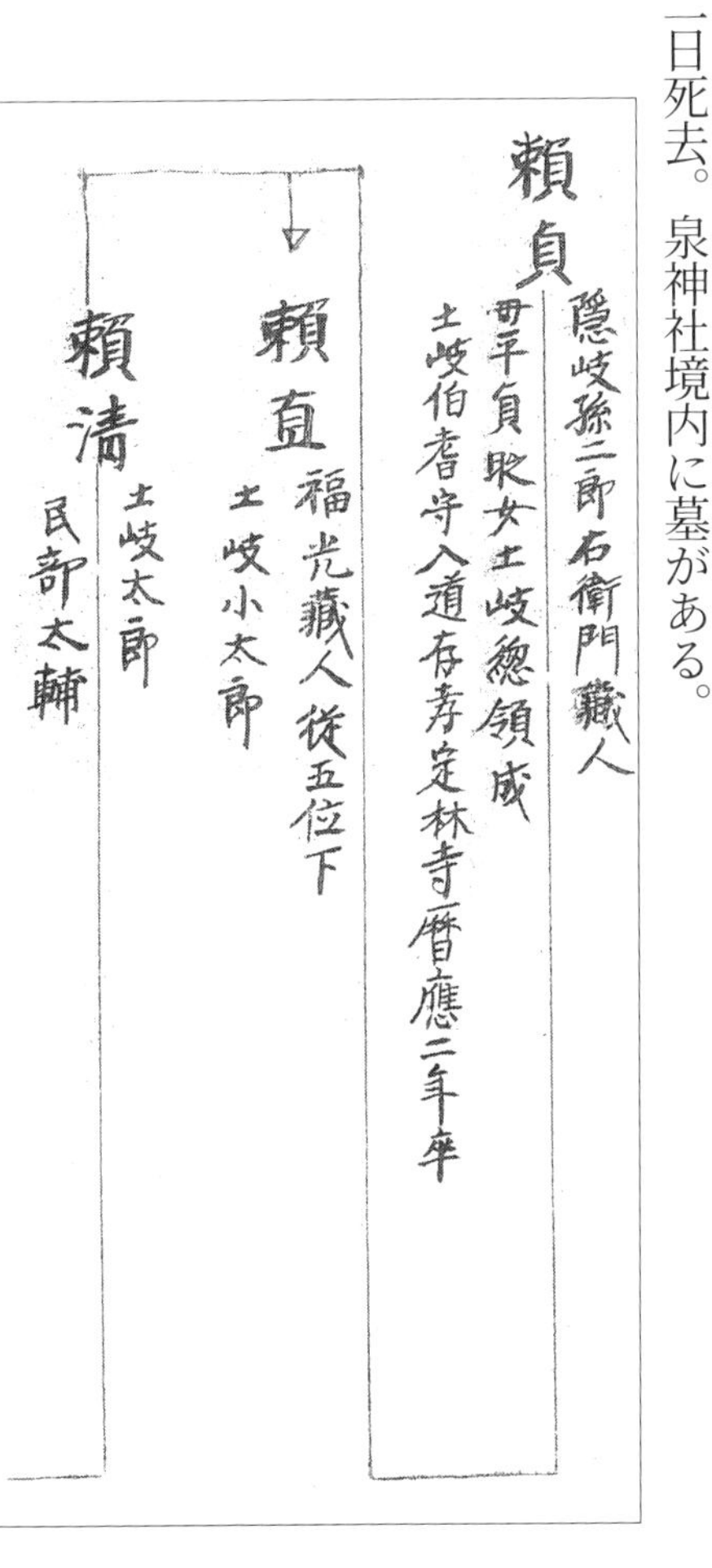

頼遠

土岐正少弼義濃守護外山今峰祖

建暦比賜土岐總領職

東洞院参會御幸及様

藉仝年十二一日於六條河

原無是非被誅也

周崔房

土岐兵部卿律師

頼遠逝去後大將

軍ト成

氏光

左馬頭

土岐今峰

光明

外山

遠江守

直頼

外山

近江守

光行

今峰

駿河守

頼康　土岐大膳大夫形部少輔
昇殿藏人左近將監美濃
尾張伊豫守護法名善忠
武將成

康行

康政　土岐大膳大夫
法名善昌

持頼　土岐大膳大夫
形部少輔

頼忠　池田美濃守
弓馬達人

頼益　池田左京
大夫

成頼　土岐美濃守
池田

直氏　土岐宮内
少輔

詮直　宮内少輔

政房　土岐美濃守
池田

頼亘 隠岐孫二郎 従五位下

母仝頼貞 号船木左近将監

頼貞 土岐孫三郎 左近蔵人 後醍醐院逆謀

奉組 長離悲妻女語妻親ハ六波羅

奉行齋藤太郎左衛門利行カ女 或依而

武家之返忠 事顕 建武三年蒙台命

賜錦袴也

頼夏 土岐孫三郎

同　住　佐々木京極随士　◎上津四郎兵衛
同　住　　　　　　　　　◎上津四郎左衛門
同　住　佐々木京極随士　◎隠岐五郎左衛門（第九章第三節第一項参照）
（伊吹村）
伊吹住　宮　士　　　　　伊吹出雲
同　住　　　　　　　　　伊吹式部
上町住　　　　　　　　　富田才八
　　　　　　　　　　　　上野太郎左衛門

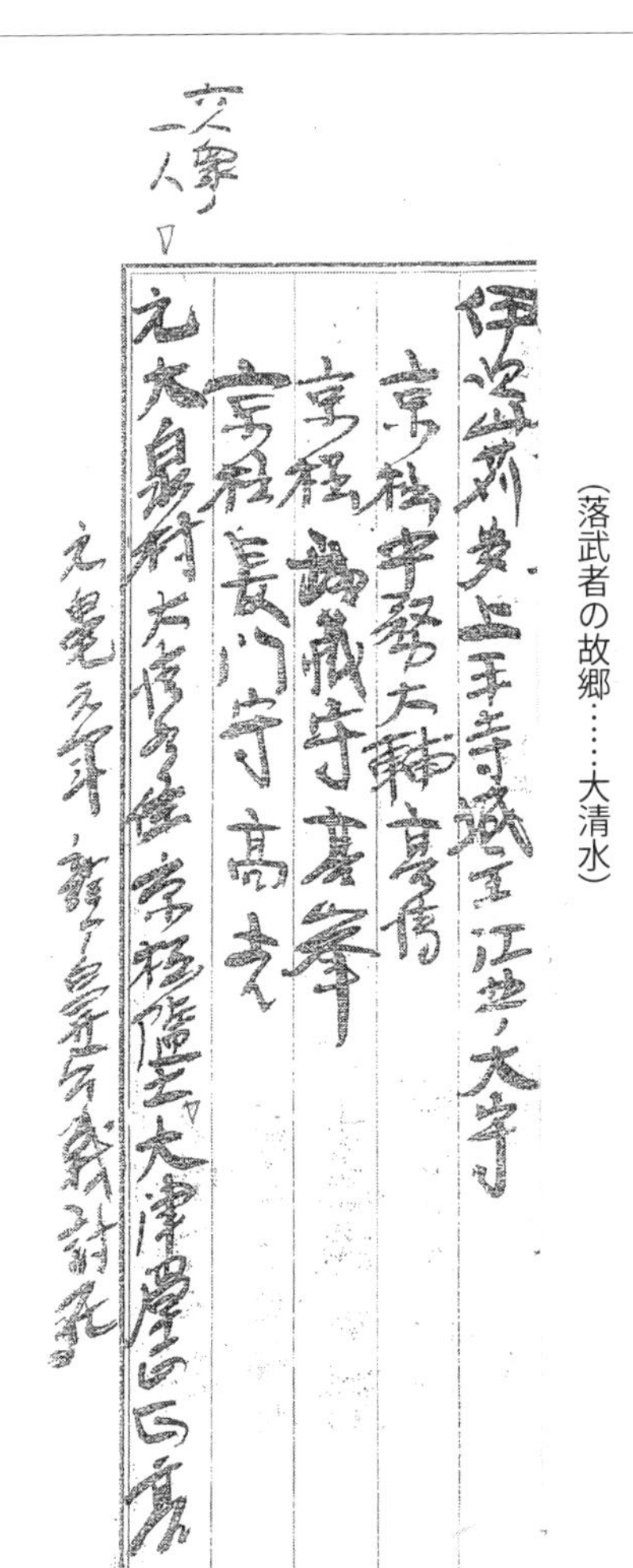

（落武者の故郷……大清水）

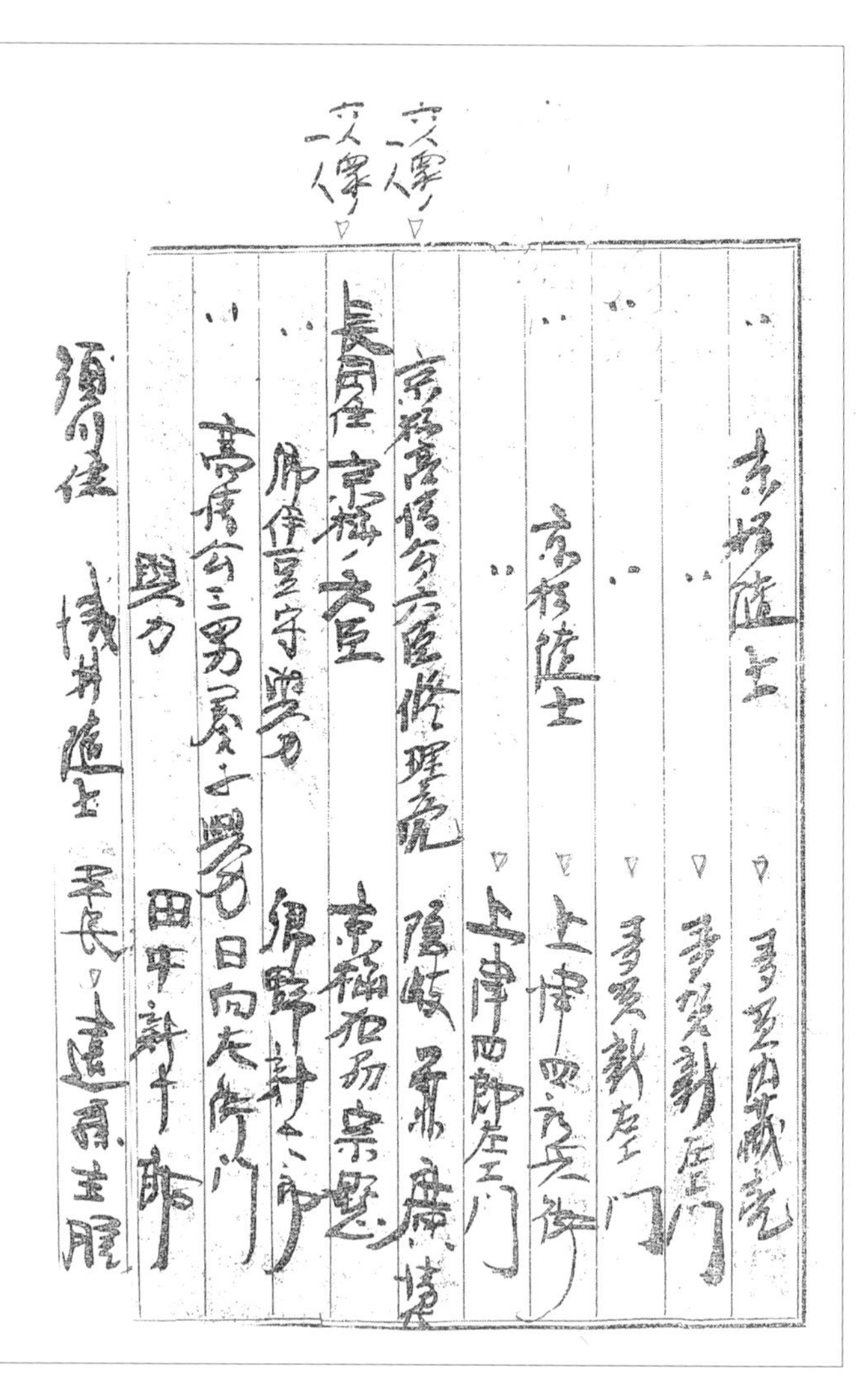

落武者六人衆の一人上津四郎兵衛（四列目）の記述

人王五十六代

清和天皇

文徳天皇太子母染殿后藤原明子
後号水尾帝惟仁 天安二年十一月
九歳年即位年号貞觀在位十八年
元慶三年九月落飾同四年十二月
崩ス年三十一葬粟田山

貞純親王

稱桃園親王清和帝第六皇子延喜十六年五月七日薨
右大臣能有聟能有文徳天皇ノ子也文學弓馬道
達人也貞純勇能有武道相傳軍事奥儀至極メ自
武家成

經基王

号六孫王母右大臣源能有女天慶二年十二月始而賜源姓西海
悪賊純友誅正四位下太宰太貳ト成正四位上鎮守府將軍ト
成而東國江下奥州治一代受領七箇國歷也天徳元年
十二月廿四薨壽六十四京都西八條崇ス神六孫王權現ト

改訂 近江國坂田郡志

第三節　京極氏の被官

第一項　隠岐氏

江北記に「隠岐殿、五郎義清の子孫なり。當方御家子也。」云々と。義清は、佐々木源三秀義の五男なれども、別腹の子にして、四兄の母は、宇都宮宗圓の女なるも、義清の母は、澁谷庄司重國の女なり。義清、隠岐守護となる。依りて子孫隠岐氏を稱すと言ふ。淡海温故錄には「京極高秀・高詮の時、隠岐・出雲を領するが故に、西國の代官職を隠岐五郎左衞門經氏に任じ置きしが、後、當國に移り居住す。」とあり。隠岐國代官たりしに依りて、隠岐氏と稱せし由に聞え、恰も大津氏が、大津屋形の代官職たりしより、舊姓駒井を改めて大津と稱へしに相似たり。一說、甲賀郡隠岐を本據となせしより隠岐氏と稱すと言ふ。如何にや。

京極高清の時に修理亮ありて、京極六人衆の一に列す。隠岐氏に關する史料は、甚だ稀少にして、天文五年五月、伊福貴社奉加帳に「隠岐七郎左衞門秀盛」の名見ゆるに過ぎず。春照村大清水眞宗佛光寺派清傳寺は、天正年間、隠岐兼治の開基する處にして、子孫代々住職すと傳ふ。其の他隱岐氏に關しては世代・支流等、明ならず。

第二項　多賀氏

多賀氏は、中原氏なりとも言ひ、又、宇多源氏なりとも稱す。夙に京極氏の部下として戰史に其の名を見る處なり。

讃岐丸龜藩士多賀氏の系圖に豐後守高忠を多賀の祖と記せども、信ずるに足らず。大原村觀音寺所藏鎌倉時代弘長元年正月廿日の避進狀に多賀定影あり、吉野時代曆應二年七月に京極道譽の部下となりて箕浦次郎左衛門と共に攝津の神崎にて、楠木和田の諸將と戰ひたる多賀將監ありしは、太平記是れを證す。本郡に文龜二年、多賀氏の同族が持ち別れし古系一葉を存す。曰く、

多田頼光──頼國──國房──光國──光基──

┝光治　江州多賀城主　白川院の御守、近江國多賀に居城す。延久年中姓を改め、多賀と名乘る。

┝光信──光淸──輝義　美濃國本鄕に引移り、池田を名乘る。

┝正信　江州平野ヶ原天淸の要害に住す。左近將監。建武二年の合戰に宮方に組し、敗軍と爲る。延元年中に本鄕城を退き、江州平野ヶ原天淸に浪居す。其後、貞治五年足利義詮より、平野が原邊に其岸見取所領可ㇾ致旨許狀を給る。足利尾張守高經印狀云々

自三百三十余人
ア高橋信ノ
平城之家
如ク家也。
死シ置ク。

其余ノ始也

右凡三百廿人ハ記シアル其同家世代別々ニ書載エラレシモノヲ識スヘシ　本郡

御士数百七十余家也　何レモ年ニ依リテノ記ヒ四五十アリ

高橋家ハ被管其支族

今井　河毛　今村　赤尾　堀　安養寺　三田村　弓削

浅井　小野八郎　河瀬九郎　三階堂

下坂　上坂　堀部　磯野

右馬借家　多賀　大津　隠岐　若宮　星田　板倉

右六家也　但シ其ラ佐々木支族也

六人家ノ一人

元大泉村大宮住　高橋信臣　大宮浦石見

元亀元年　討死

10
高橋

上野住　　嶋方　　安田才八

〃　　〃　　上原大郎左エ门

柏原住　佐々木隠士山本悍兵衛　箕浦九良

〃　　〃　　箕浦越后守

佐々木堀隠士　　樋口三良兵衛

同施瀬山城主　掛長　曹城代　佐々木来　　沢田兵部大輔

大清水村
顔戸村
多賀氏
宮川氏

大清水村　枝郷顔戸村

高四百八十七石六斗五舛

大野木村ノ北ニアリ。枝郷顔戸村ハ当村ノ北東ニアリ。是北国ノ要路ナリ。往古ハ大清水村ハ大泉村ト号セシ由。古書ニアリ。大清水ト名付シハ、此当村生土神ノ社地ノ脇ニ大キナル清水有ニヨッテ村号ト唱フト云。昔此辺、多賀左近・多賀角左ヱ門・宮川宮内右ヱ門・宮川惣左ヱ門・上津四郎右ヱ門等ノ武士居セリト云。其宅地跡有。多賀氏ノ素性ハ犬上郡多賀村ノ扁ニ委ク顕ス。江南家ニ仕ヘシ多賀氏ハ平姓ト見ユ。江北家ニ仕ヘシ多賀氏ハ源姓ト見ユ。

一、牛頭天皇　大梵天王相殿　二間二尺四方
一、宝射権現　三尺七寸四方
一、若宮八幡宮　三尺七寸四方
一、湯明神　三尺四方
一、戸谷龍王　二尺四方
一、虚空蔵菩薩堂　一間四方
一、薬師堂　九尺四方
一、東本願寺宗　大通寺末　立勝寺
一、仏光寺宗　京仏光寺末　大楽寺
一、同　[illegible]　道場

須川住　佐々木隨士　○遠藤主膳（前節第十二項參照）
柏原住　佐々木隨士　山本源氏　箕浦九郎（第九章第三節第十一項參照）
同住　箕浦越後守
同住　佐々木堀隨士　小倉源氏　樋口三良兵衞（第九章第三節第十三項參照）
同　能勢山城主　掛城暫城代　佐々木末　澤田兵部少輔
大野木住後ニ上坂へ所替　佐々木淺井隨士　大野木土佐守（前節第十一項參照）
（春照村）
藤川住　是所定家卿屋敷　村上源氏　兒玉兵庫助
村木住　佐々木末　川瀬万五良
○成菩提院舊藏大永元年辛巳十二月廿七日川瀬彦衞門田地賣劵。同院過去帳永正十二年十月十六日卒河瀬孫四郎利久。
杉澤住　京極隨士　西脇土佐左衞門
同住　京極隨士　野田庄介
大澤、宮川、樋口
伊吹山苅安上平寺城主江北大守　京極中務大輔高淸
京極武藏守高寀
京極長門守高吉
元大泉村大淸水住　佐々木京極隨士氏族　元龜元年龍ケ鼻合戰討死　○大津彈正正高（第九章第三節第四項參照）
同住　佐々木京極隨士氏族　○多賀内藏亮（第九章第三節第二項參照）
同住　佐々木京極隨士　○多賀新左衞門（同　）

隅（角）立て四目結

石持ち地抜き隅立て四つ目

四つ目菱

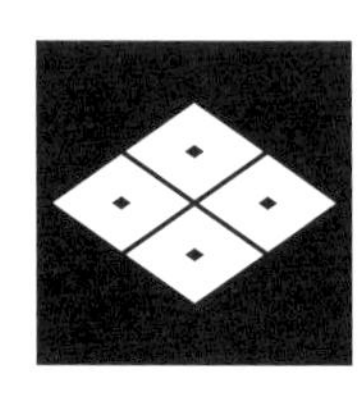

▼宇多源氏の紋＝隅立て四つ目（嫡流の六角氏）

▼分家（京極）は＝平四つ目

▼佐々木氏一門の江北の京極流
　　　　　　　江南の六角流　｝代表紋は目結

目結紋の基本は四つ目結（宇多源氏　佐々木の代表紋）

▼京極や六角の家名は都における地名から起こる。
（佐々木惣領紋）

隅田立て四つ目結（円や市松・変形により家の格付けを区別する）

・元大泉村大清水住
・佐々木京極隋氏
（石持ち地抜き隅立て
四つ目結の家紋
（佐々木一門の代表紋
江北の京極の流れ

六人衆の一人（上津四郎兵衛）
（午房ケ平への落武者）

一―三　ざくろの花咲く　牛房ケ平（ごぼうがだいら）

慶長三年七月十五日、検地帳に村名が「午房ケ平」であることを初見。この頃、秀吉の病状は悪化を辿り、八月十八日死去。

思い返せば六人衆は、秀吉の追っ手から逃れる為に、命からがら崖をよじ登った。そこは、越前の国、府中内干飯浦（かれいうら）の枝村である。

眼下に日本海、北側は米の浦、南側には糠浦。標高二百十メートルの位置にあり、沖合十四キロ先には、「立石岬」が広がる。

海に張り出す山肌を耕し、道を通すまでには、相当の労力と苦労の再出発であった。

この地に決めたのは、三ケ所に湧水があり、海が目前にある事である。落人の心得として、「焚火せず、犬飼わず、鳥飼わず」。六人衆の事を六軒衆と呼んだ。その人達は、清水三郎右衛門、上津四郎兵衛、遠藤仁平衛、民谷新左衛門、はたや藤右衛門、岡村小左衛門。少し遅れて来た方々は、倉谷、西ケ塙、重谷、坂本、嶽、佐門の人達である。

（旧）清水三郎右衛門宅（正面）

上津家宅　村の中心地

立石半島を望む

午房ケ平の入口

そんな午房ケ平へ私（著者）は、人生初の祖母と姉との三人旅。

実家から約十キロの道程を、

「孫を連れて祭りに来なされ」

と、上津家からの招待である。姉と二人「いっちょら」の着物と手作りの草鞋に脚絆。花柄の全てが嬉しく、気分は天にも登るようであった。

米の浦まで、まるで蛇の如き道を歩く。

「平(だいら)はまだかぁ」

まだかと歩く。

「気張れば、ぼた餅が待ってるよ」

右手に波音を聞きながら、歩幅の小さい二人は、只々「ぼた餅」目指して歩き続けた。日頃、魚や野菜は不自由なく、祭りや祝いの時だけに作るぼた餅は、最高の好物だ。

祖母が、

「よう気張った」

と甘柿とさつまいもを取り出し、

「ここで一休みしたら、あともう少しだから」

姉と私は顔を見合わせ、

「えっ、まだ歩くの」

米の浦の登り口から二キロの山道だ。急傾斜の細い道を
「平(だいら)にいつ着くの」

と言いながら、山の中腹くらい登った辺りで、笛や太鼓の音。祖母の笑顔が満開の花の様に思えた。その時、大勢の声、

「浜の孫さん達、こんな遠い所まで、よくおいでなさった」

村の入り口には、のぼり旗が風になびいている。上津家に着くと、囲炉裏端は人だかり。村中の人が集い、「ぜんざい」が振る舞われていた。ふと上に目を転じると、くりで作った「ロングネックレス」が吊るしてある。感動のあま

り、

「あれはっ？」

傍らにいた人が満面の笑みで、

「あれは二人の為に、作った物だよ・・・、みやげになあ」

村長は、祖母の兄さんだった。村の産業は炭焼き、林業、養蚕。ここで採れる牛蒡は、甘みがあり、良質とされた（牛蒡の評判から村の名が生まれた）。

令和の新時代、祖母の里は四～五軒だけだ。あの村の賑わいは、遠い日の思い出となった。全盛期は三十一軒に、人口百二十七人であったが・・・。
◇蔦からむ　主亡き里に　匂ふ香や
　　誰を慕ふて　咲くや水仙
◇東風吹かば　岬その先　小浜かな
　　遥かな想い　千々に乱れて

日吉神社の絵馬

日吉神社

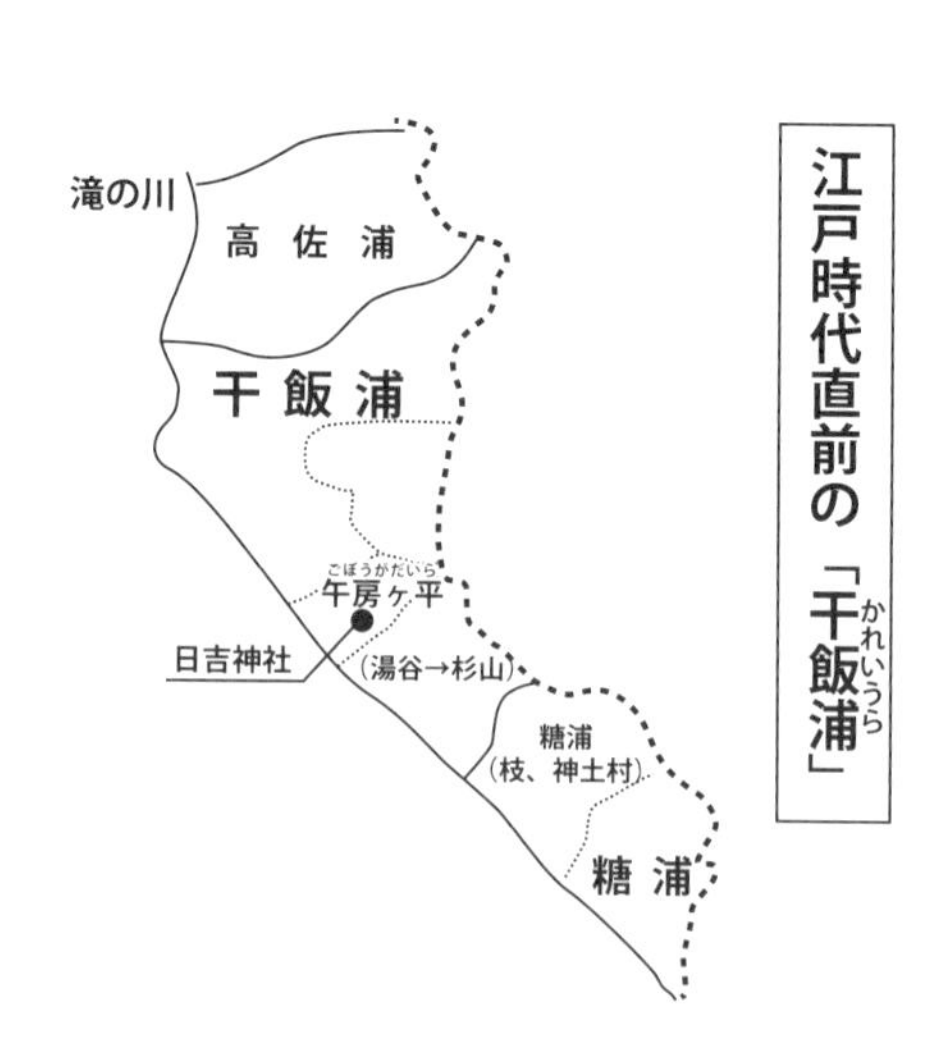

（午房ケ平の歴史）

日吉神社

明治初期の氏子二十七戸

祭神大山咋命

（境内地）

六六三・七平方メートル　村社

福井藩の組織

福井藩 ― 上領・中領・下領・金津領

上領 ― 郡奉行 ⇔ 代官 ⇔ 大百姓

【脚注】
上領の村（浦）
・午房ヶ平村
・六呂師村
・米ノ浦　等
・高佐浦は、「中領」

徳川秀忠（二代目）時代に移り
▼牛房ケ平分村（独立）の一年前のこ
と、一六〇五年二月三日
南海トラフ大津波の地震
M8クラス、房総沖~九州まで
紀伊、阿波、土佐、死者一万~二万
と伝わる

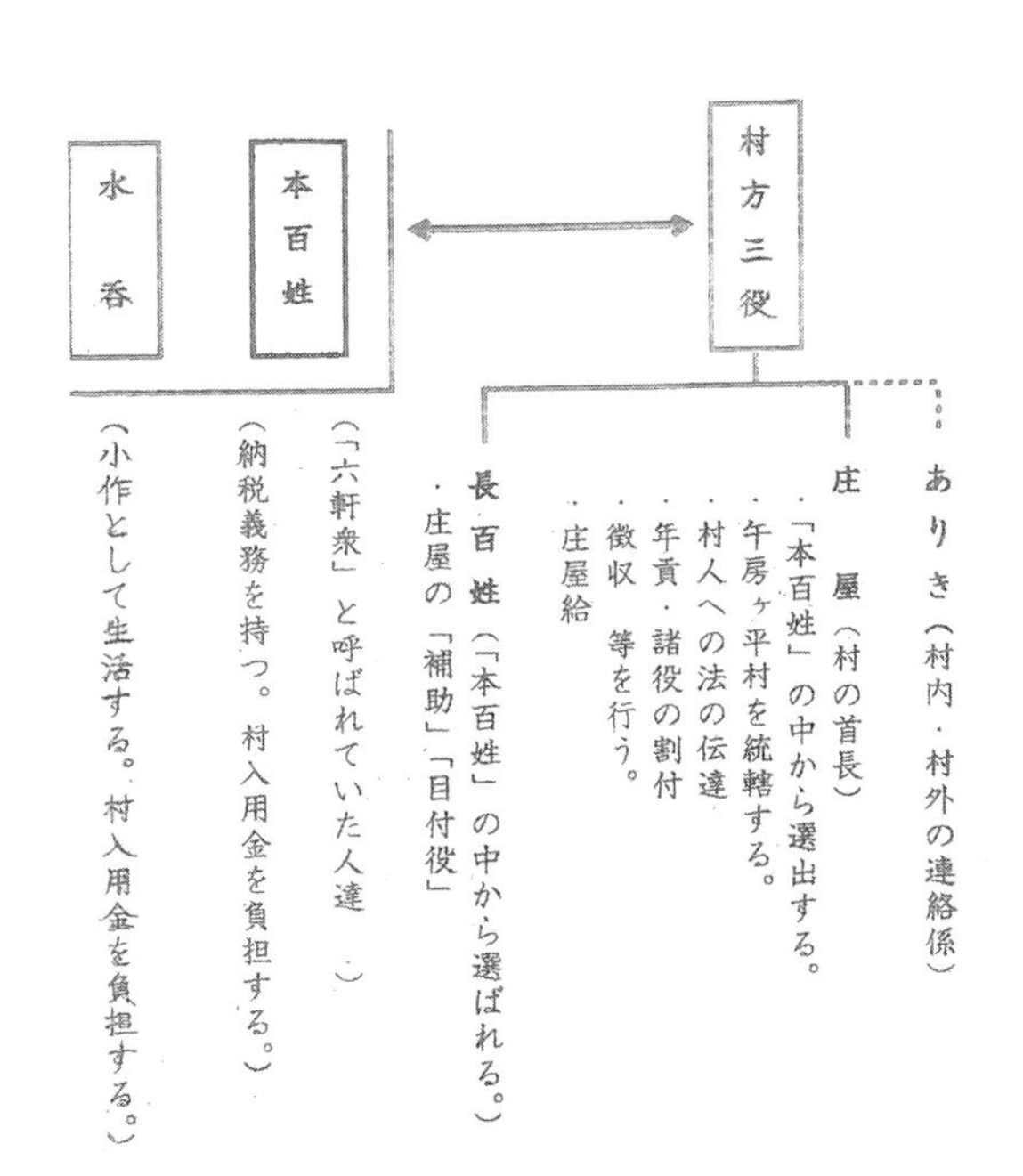

牛房ヶ平村の組織

他の村（浦）との連絡

六人衆（倉谷家）

家宝の皿

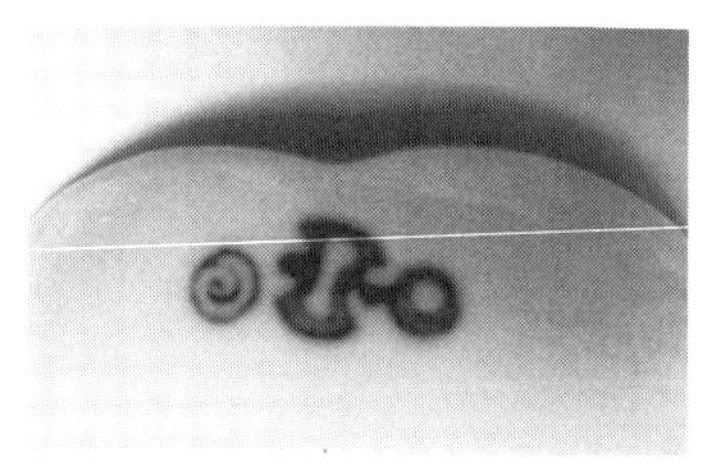
うらの側面

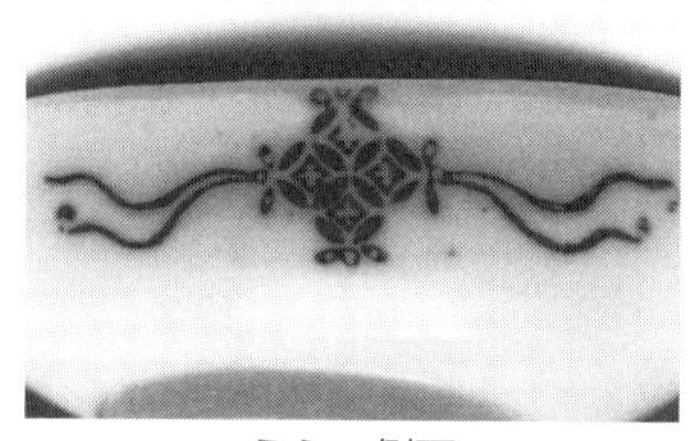
うらの側面

（家紋）

一―四　若狭武田氏　崩壊への足音

守護大名の名門と言われた武田家は、一五六〇年頃から内紛が頻繁となる。信豊（七代目、元光の子。信玄の甥となり、武田勝頼とは従弟になる）は、義統（実子）と反りが合わず、大飯郡に赴いた義統の隙を狙い、家臣を率いて能川から近江に入り、近江の兵も率いて、若狭へ乱入しようとした。

この内紛をチャンスと見た、丹後の守護、松永長頼と粟屋牢人が、若狭へ乱入。そこに、武田の家臣（逸見）が加わり、義統は危機的状況になる。そんな中、足利義昭の妹が妻として輿入り。

一五六六年、武田を頼り訪れた義昭は、内紛続きの武田に見切りをつけ、一乗谷へと去って行く。翌年、義統死去。

九代目となった元明（十三歳）は跡継ぎとなり、京極高吉の娘、竜子を娶る。二人の幸せも束の間、一五六八年八月十三日、国吉城を攻めるふりをした朝倉義景が、後瀬山城の元明を拉致し、一乗谷へと連れ帰る。

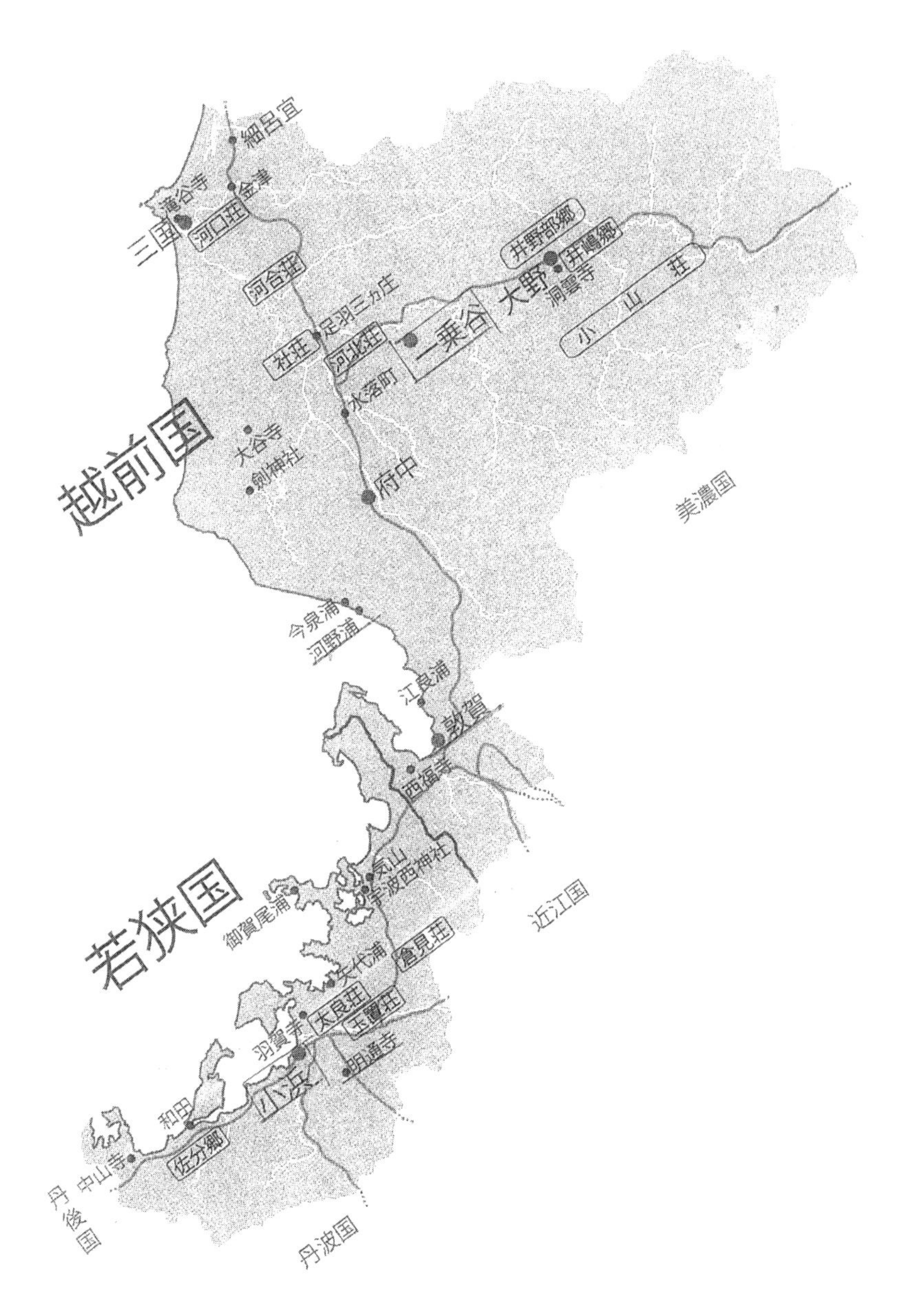
細呂宜
金津
瀧谷寺
三国
河口荘
河合荘
足羽三カ庄
社荘
河北荘
一乗谷
大野
井野部郷
洞雲寺
小山荘
水落町
越前国
大谷寺
剣神社
府中
美濃国
今泉浦
河野浦
江良浦
敦賀
西福寺
気山
宇波西神社
若狭国
御賀尾浦
近江国
倉見荘
矢代浦
太良荘
玉置荘
羽賀寺
明通寺
小浜
和田
佐分郷
中山寺
丹後国
丹波国

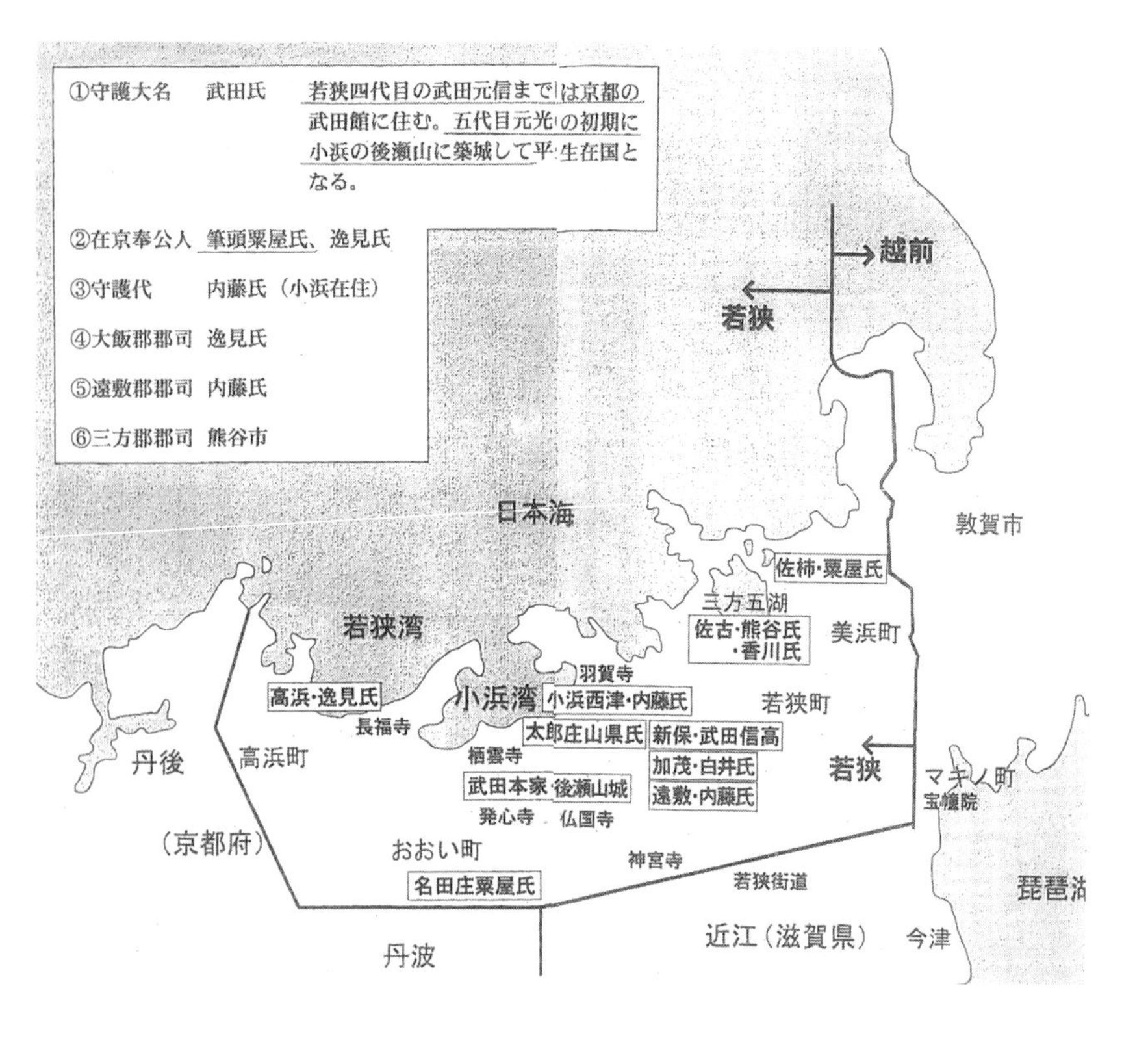
①守護大名　武田氏　若狭四代目の武田元信までは京都の武田館に住む。五代目元光の初期に小浜の後瀬山に築城して平生在国となる。
②在京奉公人　筆頭粟屋氏、逸見氏
③守護代　内藤氏（小浜在住）
④大飯郡郡司　逸見氏
⑤遠敷郡郡司　内藤氏
⑥三方郡郡司　熊谷市
越前
若狭
日本海
敦賀市
佐柿・粟屋氏
三方五湖
佐古・熊谷氏
・香川氏
美浜町
若狭湾
羽賀寺
高浜・逸見氏
小浜湾
小浜西津・内藤氏
若狭町
長福寺
太郎庄山県氏
新保・武田信高
丹後
高浜町
栖雲寺
加茂・白井氏
若狭
マキノ町
武田本家
後瀬山城
遠敷・内藤氏
宝幢院
発心寺
仏国寺
（京都府）
おおい町
神宮寺
若狭街道
名田庄粟屋氏
琵琶湖
近江（滋賀県）
今津
丹波

若狭と越前の国境を守る「国吉城」は、六回攻められはしたが、粟屋勝久が必死に守り抜いて来た。粟屋家と武田の繋がりは、安芸武田の重臣であった時に遡る。

室町中期に守護大名となった時、主家に従い仕えて来た筆頭である。元明不在の武田家は、実質上守護大名としての統治は消滅し、義景の支配下となる。この頃、武田の重臣、逸見、熊谷、粟屋は、信長の勢力に与され、若狭武田の後瀬山城主には、丹羽長秀（佐和山城主）が新任した。

着々と天下統一に突き進む信長は、再三の上洛を拒む義景に痺れを切らし、一乗谷を攻める。三日三晩焼き尽くされ、義景、一五七三年八月二十日に自害。一〇四年の朝倉時代は幕を下ろす。

元明はこの時、若狭に帰還を許されるが、神宮寺の桜坊での生活を強いられる。さらに、丹羽長秀の「与力」に格下げされた若狭武田、名門の元明であった。

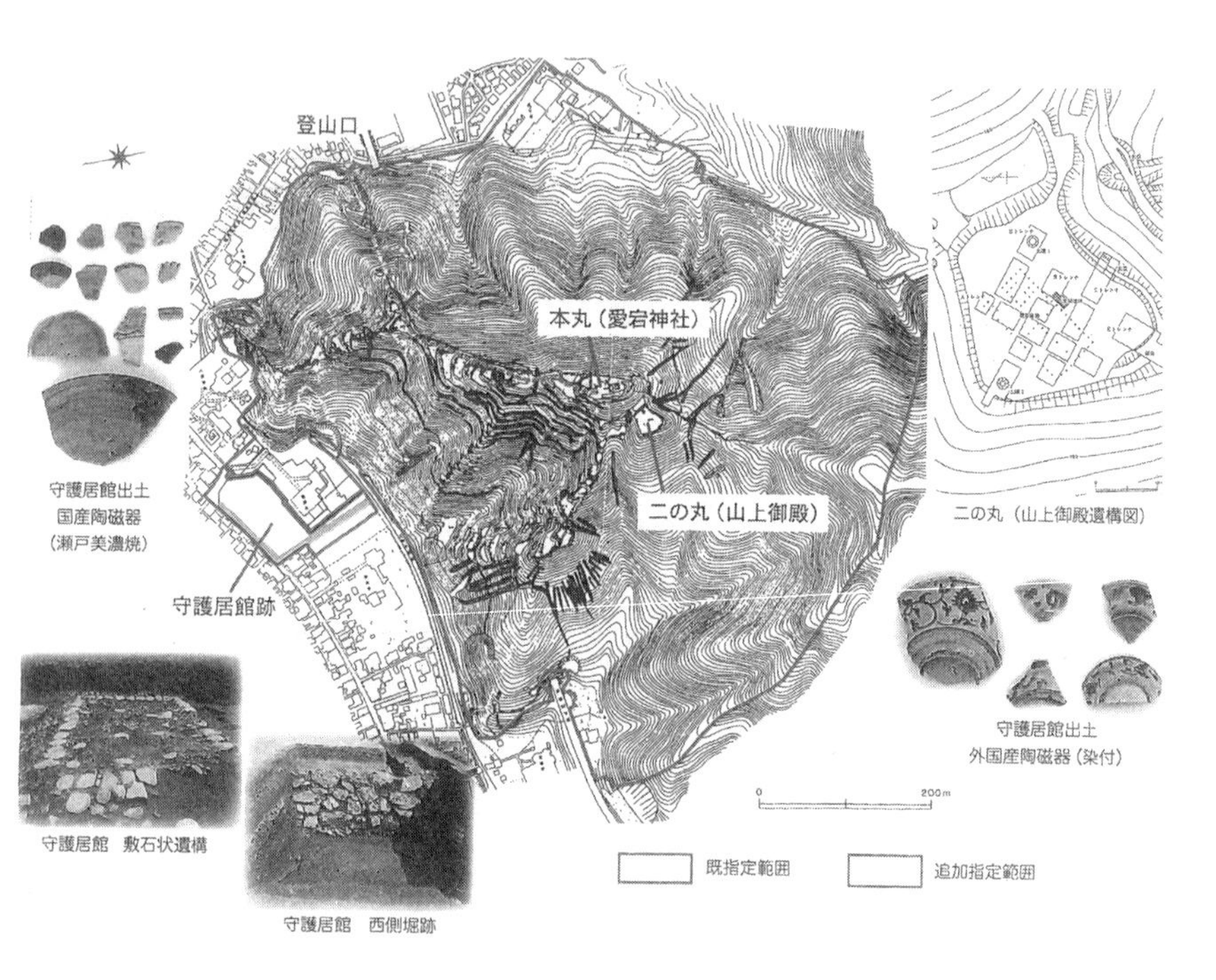
登山口
本丸（愛宕神社）
二の丸（山上御殿）
守護居館跡
守護居館出土
国産陶磁器
（瀬戸美濃焼）
二の丸（山上御殿遺構図）
守護居館出土
外国産陶磁器（染付）
0
200m
守護居館　敷石状遺構
守護居館　西側堀跡
既指定範囲
追加指定範囲

若狭武田　守護居館跡

一五二二年、武田元光（五代）小浜の町を望む、後瀬山麓に居館を構えた。戦国時代は、日本屈指の港町として、和泉の堺か、若狭の小浜かと例えられるほど。

館からの遺物として、外国産（青磁、白磁、染付）土器、金属、瓦など、館内で鍛冶生産する。

一―五　光秀と加担者の命運

光秀と近江の絆は、明智十左衛門が二～三代に渡り、「佐目」に住んでいた事に始まる。

信長に仕える前、二百石の約束で、一乗谷に逗留生活をする身であった。そこへ訪れた足利義昭に推挙され、足軽衆として奉公するが、いつの頃からか光秀の邁進する姿が、信長の眼に留まる所となり、引き抜かれて行く。

一五七三年、弱体化の一途を辿る足利幕府は、京から追放となり滅亡する。信長の「天下統一」を目前にして、「本能寺の変」勃発！（天正十年六月二日早朝の事）

信長亡き後、光秀の加担者、近江と若狭では「風雲急を告げる」。民の殆どが味方につく。近江侍、若狭侍、京極高次、武田元明、その中の郷士、武野上野守、内藤越前守、白井民部、寺井源左、松宮玄蕃、香川右衛門、山県下野守、清水三郎右衛門（武田側）。

武田元明は信長の死を知り、勢力回復の好機と見た。これまで信長に通じていた武田家の粟屋（重臣）等を説得する。

直ちに、蜂起した若狭軍は、光秀の加担者として参戦する（一五八二年六月四日）。

斉藤利三筆頭に安土城に入る。城内の財宝は家臣に分け与える。直後、長浜城を京極軍（高次、阿閉貞征）に命じ、明智軍が攻撃、陥落させる。光秀になびいた山崎片家（六角氏の家臣）が、佐和山城に入城、荒木行重（丹波衆）元明の若狭軍が攻撃。

両城を六月五日に占拠する。若狭衆は両城にも関わり、この参戦者の中に、越前へと逃れて行く「六人衆」の若者達がいた。

長浜城攻め寸前、三日の早朝、秀吉の家来にも悟られぬよう、秀吉の母（なか）、正妻の寧々、女達を救出する者がいた。美濃の土豪広瀬兵庫助である。

この時、秀吉は備中高松の、「水攻め作戦」。後日、広瀬に五〇〇石の領地を与える。

光秀加担者の中には、京極家の重臣等も加わっていた。黒田伊予、山田大炊、斉藤勝左衛門、若宮兵助、比良七左衛門、多賀孫左衛門、小川勝大夫、赤尾伊豆守、他多数である。

そして、あれから四十日も過ぎた、七月十五日の早朝であった。神宮寺に丹羽長秀の家来が、

「ここに元明はおられるか・・・、秀吉様が海津でお待ちじゃ、宝幢院へ行け」

と告げ、立ち去った。これが秀吉の企みと気付かず、今生の別れとも知らず、元明は武田の若武者二人を連れ、「地獄の旅へ」と出てゆくのである。

一方の高次には、何のお咎めも無し！

この差は、何なのか？

元明が去った神宮寺の深夜、「竜子」は涙しながら、可愛い我が子三人を残し、秀吉が遣わした家来に、無理矢理連れ去られて行く・・・。その行く先に「待ち焦がれ待つ秀吉」がいる事も知らずに！

「竜子」は、京極高次の姉であった（一―七、一―八項目参照）。

一―六　一乗谷と光秀

光秀二十九歳（一五五八年）。

斉藤義龍（道三の嫡男）に攻められた明智城は落城。光秀は美濃から油峠を越え、越前へ逃亡する。そこは、称念寺の門前だった。

あばら屋での生活であったが、再起を諦めずにいた三十五歳の時、加賀一向一揆が越前に襲来する。この時、朝倉に勝利をもたらした貢献が義景に認められ、客員として一乗谷に迎えられる。

そんな時、武将達からの歌会の申し入れがあった。しかし、招待側としてもてなす余裕などはない。妻の熙子(ひろこ)は黒髪を売り、御馳走を準備する。夫を立て歌会を成功へと導いた。

十年程の称念寺逗留ではあったが、寺小屋教育に尽力。また、七種配合のセイソ酸に着目し、婦人薬として、明治に至るまで人々に愛用された。戦力に欠かせぬ火縄銃に関しては、専門知識、技術は、半端なものではなかった。

足利義昭が一乗谷を頼って来た時の事、その家来に幽斉がいた。その頃、権力者の一人として信長が登場する。幽斉は信長との交渉役に光秀を抜擢したのだ。朝倉を去った光秀は、足利義昭の家来として仕える事となる。

信長と足利の二重政権下で、次第に頭角を現す信長。対照的な義昭は、弱体化が鮮明になり、離散する家来、引き抜かれていく家来。光秀も信長に認められ、引き抜かれて行った、その中の一人であった。

信長の目論見通り義昭は、二条御所から追放され、京から逃れ行く足利一族は、室町幕府第十五代を限りに滅亡する。

この頃の一乗谷では、珍しい唐物にあふれていた。「曜変天目」「文淋」や「九十九なす」など、一国一城に値する物と言われ、贅沢な暮らしぶりであった。

一―七　陰謀　秀吉の美女狩りと「竜子」

本能寺の変は、光秀の一族郎党の処罰ではすまなかった。

天正十年七月十五日の早朝、小浜、神宮寺境内に、荒々しい早馬が近づいて来る。そして、ピタッと止まった。何やら声高に住職と話している。

「元明公は、どこにおられるか。秀吉殿がお呼びじゃ。早々に海津の宝幢院へ行け！」

これまでの元明は一五六八年から朝倉義景に囚われ、その身は庇護下にあった。一五七三年、信長が朝倉を滅亡させた事により、若狭に帰還するが、武田の復権は許されず、統治は終焉する。

その年の九月に戻ったものの、後瀬山城は丹羽長秀の居城。これより、神宮寺桜本坊が住居となる。

天正九年三月、高浜城主、逸見昌経の死去によって、信長は所領を没収、石山城三千石を元明に与える。若狭衆の一人として、長秀の与力となっていた天正十年六月二日、「本能寺の変」が勃発。あれから一ケ月目のあの早馬は、何の用事だったのか。

元明は、武田家の若武者二人に馬を用意させ、桜坊を後にする。海津までは三十キロの道程である。神宮寺を発ってから、どれほど過ぎただろうか。頭上の陽射しが玉の汗となり、頬を伝って首に流れ落ちる。

「佐兵衛、琵琶湖の水はいつ見ても美しいのう」

「殿、海津はまだ見えませぬか」

どこからか蹄の音。段々近づいて来る。丹羽の家来の者が監視しているようだ。

それにしてもあの書状には、何も書かれてはいなかった？　元明は秀吉の呼びつける意味が、理解出来ずにいた。一泊しながら海津に辿り着いたのは、七月十七日の昼も過ぎた頃だった。ここからあの宝幢院へは、二キロくらいあるだろうか。

　こんな遠くまで供をしてくれた、熊谷佐兵衛（兄二十三歳）と熊谷平右衛門（弟二十歳）には、頭が下がる。元明が朝倉に敗れ、若狭を取られ離反して行く郷士の中で、主君を思い最後まで付いて来たのは、二人の兄弟だった。元明全盛期の家老、熊谷大膳の血筋である。

　夕暮れが迫る頃、後方で、

「早くせぇ」

「殿が待っておるぞ」

　間もなくそれらしい森が目に入った。門前に近づくと、

「えっ！」

　篝火がたかれている。着くや否や、元明は山門の中へ連れて行かれた。供侍の二人は、暑い最中の篝火と従卒たちの殺気だった様子を見て、

「殿の身が案じられる。我々二人は、只、元明公に随行しただけではないの

だ」

宝幢院の書院に案内された元明の前で、何やら小さな影が動いた。そしてくしゃみ一つした。

「武田元明にござります」

「元明か」

「待っておったぞ。そちの腹を切るのが見たいのじゃ。元明、わしの前で、今、すぐに腹を切れ」

元明は謀られたことを知った。己の手抜かりに歯ぎしり、身が震えた。

「どうした、切れぬことはあるまい。信長殿の恩を忘れ、光秀めに走りやがって。一乗谷で首切られるところを助けられ、若狭に帰られた事、忘れてのことか。三千石の扶持(ふち)をもらっておきながら・・・」

そして、

「鉄砲鍛冶の冬広が光秀に渡そうと、五十挺もの火縄銃を、神宮寺本坊に隠した」

　と迫る秀吉。言いがかり三昧をあげ論い、

「言いがかりと言うなら、腹を切って証しをたてい」

　唇がふるえ、腸が煮えくり返る思い。残すは、「武若、俊丸、かつ」である。

　山門の前で待つ二人に、寺内の方から、急に人騒ぎがして間もなく、「ギイ」戸が閉まる音が聞こえる。

「何が起きているのか」

「殿が危ない！」

　平右衛門が、

「兄者、若狭へ早く去ねっ！」

「殿はわしが引き受けた」

　知内川の橋を渡り終えた時、出会った騎馬の武士二人・・・、若狭の方角だった。もしや、

「奥方や子供達が危ない」

佐平衛が神宮寺に着いたときには、武若と俊丸だけであった。かつは、乳母の里に連れられていた。ここに居ては、丹羽の追っ手が来る、急がねば。武若（十四歳）、俊丸（十歳）は泣き崩れるように、佐兵衛の胸元へ倒れかかる。

「お父上の仇を討つ為には、泣いてはなりませぬ」

「神宮寺に居ては危ないのです」

「あの万徳寺へ行けば、和尚さんに助けてもらえる」

と、三人は夜明け前に、神宮寺を発っていた。

三十一歳で逝去した武田元明は、武田九代目。一四三年の歴史に幕を下ろした。

(辞世の句)
身はかなし　心は若狭　ありあけの

月の身ならば　海を見むとも

悲哀つづきの武田家に、早馬が来た十五日の夜、元明、竜子と三人の子の身に、酷な今生の別れが待っていた。

夜半にも拘わらず、近づいて来る複数の蹄の音。竜子は、夫の朝の呼び出しに次ぎ、異常な気配を感じ、咄嗟に子供達を桜坊の裏手に隠した。

「ここに竜子はおるか！」

部屋に土足で上りこんで来た輩は、嫌がる母を連れ出し、従おうとしない母の手を取り引きずり出す。苔むす石段を下りて行く母の叫ぶ声・・・。子供達は息を殺し、心が凍りつく恐怖の中、耐えしのぎ、一部始終を見届けていた。

母の声はもう、ぱったり聞こえなくなった。

若狭神宮寺

お水取り

一一八　竜子と秀吉

忘れもしない神宮寺の桜本坊。

竜子は天正十年七月十五日深夜、秀吉の命令で京の山崎へと略奪されて行った。夫は十七日、秀吉の面前で詰め腹を切らされ、この世を去った（三十一歳。竜子二十八歳）。

三人の遺児の一人「かつ」は、乳母に引き取られていった。武田の若武者、熊谷佐兵衛に連れられた武若と俊丸は、万徳寺へと逃げた。俊丸は僧侶になり、武若は身を隠しながら、秀吉の仇討ちを決意する。琵琶湖の水軍の仲間に身を置き、沖島、堅田の漁夫として、その日を待った。

天下人の愛妾となった竜子ではあったが、京極高次（弟）の光秀加担の処罰、京極家の存続、三人の我が子の行方・・・。苦悩は怒涛の如し。

女たらしの秀吉は、絶世の美女「竜子」見たさに三年前、突然、元明の後瀬（のちせ）

山の居城にやって来た。秀吉の極意「美女狩りの下見」が行われた。

「元明、この城は眺めも良いし、海の見える城では、一番じゃのう。気に入った」

「それになあ、おまえは幸せ者じゃのう。〝竜子じゃ〟わしは気に入ったぞ」

この時、竜子二十五歳。秀吉三十三歳。元明二十八歳。

弟の高次でさえ、ぎくっとする程の色白で妖艶な美女なのだ。

ガラシャ(光秀の娘)にまでも手を出す秀吉の好色に、夫は朝鮮出兵の際も手紙の中で、「秀吉の誘惑には乗らないように」と注意。尽きぬ美女への執念は、異常であった。好物はたこ、いか、あわび、鯛、麦飯にねぎの味噌汁。

「殿、今宵も沢山の馳走でございます。ごゆるりと」

竜子が秀吉の顔色を伺いながら、ふと目をやると、獣のような男の目つきで何かを求めている。

「こんな馳走より、竜子が良いのう」

夜毎、夜毎、執拗に迫る飢えた男の正体！　うす灯りの中、照らし出される一人の男、それは元明公ではない。紛れもなく小人の秀吉だ。むっちり肌に品格と教養を備える、竜子のすべてが、秀吉の好みであった。肌と肌とが重なり合って、男のそれを感じた時、

「こやつに元明殿は、殺されたのだ」

と思いつつも、受け入れる術しかない。快感や幸福感などあろうはずもなく、女は儀式としての時の過ぎるのを待っていた。

そんな時、三人の子供達の声。

「母上、憎(にく)き秀吉の相手をしてはなりませぬ。父上をお忘れになりましたか」

一瞬、全身が氷のようになっていた。あれは、空耳だったのか。

竜子は、荒れ狂う時代の潮流に流されながら、いつか我が子に逢えると信じ、生きていた。

元明との別れの形見に、妊娠という貴重な宝物。その子（木下勝俊）は、寧々が密かに養育していた。竜子と淀君は従姉妹同士。母は浅井久政の娘。浅井長政（茶々の父）は、信長に討たれ、竜子の夫は秀吉に殺され、戦国の最後の覇者家康は、茶々（淀君）と秀吉の子（秀頼）を攻め滅ぼしていた。

一―九　若大将　武田元明の遺児達

秀吉が死去し、秀頼の天下となって、五大老が豊臣政権の政務にあたってい
た。これが権力闘争となり、西軍、石田光成。東軍、徳川家康を中心に対立。
一六〇〇年、関ケ原の戦いが始まる。
この時、東軍に加わる美男の若武者がいた。十六年前、神宮寺で両親の悲劇
を見ていた少年、若狭武田元明の遺児〝武若〟であった。
「よくぞ生きててくれた」
天国から、元明の声が聞こえる。
東軍家康に加担する伊勢阿濃津城主、富田信高の家来武若は、東軍の先兵隊
の大将になっていた。赤坂山に本営が置かれる、阿濃津城を守った功労を耳に
した家康は、
「ただちに武若を呼べ」

対面したその足で夜半、僅か二十名を率いて大津城に向かう。

その頃、大津の城に西軍の和睦に遣わされた母竜子が、待っていた。

戦況は厳しくなり、町は焼かれ本丸も炎上。そこには猛将、立花宗茂、菱川弾正等が、城を囲んでいた。

高僧木食応其（もくじきおうご）が城に入り、高次を説得するも、

「この大津を守る天下人は家康以外にない」

と城を死守。

そんな時だ、馬上の武士が、

「我こそは立花宗茂の家来、菱川慶之進。武田武若の首を討ち取ったり〜」

京極兵は息を呑んだ。

あの神宮寺より寝食共に苦労した武若の恩人の名も。熊谷佐兵衛、汐見十郎太であった。馬にぶら下げられた三人の首、たて髪をふるわせながら、狂ったようにいななく馬！

高次は本丸の望楼から見ていた。

「高次を助けたい、逢いたい」

手の届く距離にありながら、武若の夢は叶わなかった。母が大津の城で待っていた事を知っていただろうか・・・。

　武若の　凛々しい姿　今ひと目
　　母に見せたや　花散る前に

東軍家康は勝利するも一日遅く、武若は三十一歳の若さで逝去した。図らずも父と同年齢であった。

しかし、武士の本分を貫徹した武若の、天晴な生き方、これぞ若狭武田の誇りなり。

忘れてはならない「元明の形見」、子がまだ一人いた。その名は、三男の木下勝俊。

母竜子が秀吉の山崎へと強引に連れ去られて行った時、お腹に子を宿していた。

寧々の夫、秀吉は、妊婦の夫を面前で、切腹させてまでほしがる女狂い。それの始末をする妻の意地。

そのお腹の子は、木下家定の長男として密かに育てられていた。勝俊は、関ケ原の戦いで伏見城を預かるが、三成の挙兵に戦わずして城を開け、武将失格者となる。剃髪した後、歌人（長嘯子）として名を馳せる。

むつまじく　うき身尋ねて　やどるより
　涙うれき　袖の月かげ

辛い身の上である、私のもとを月の影が親密に尋ねてくれる

中々に　とはれし程ぞ　山ざとは
　人もまたれと　さびしかりつる

歌道の師匠は、細川幽斉だった。
父、元明とは、従兄弟同士である。

第二章

そして本能寺の変

二―一　「変」は国家プロジェクトか？

天正十年六月一日、本能寺で名品揃いの中、公家、僧侶、豪商、歌人等、選り抜かれた人達の大茶会が催された。その後は酒宴。

信長の側には、深夜まで囲碁の相手をする日海が一人まだ帰らずにいた。囲碁終了は日を跨ぎ、信長が床に入ったのが真夜中の二時過ぎ。その寝入り端、早朝四時頃、事件勃発！

信長を見張り、遅くまで眠らせない。就寝時間と寝室を確認する。日海は泊まった。

この日海の取り巻きには、囲碁仲間の近衛前久がいた。二人は寺で会っている。

「謎は真相の裏打ち」、疑わしい点を揃い踏みさせると次のようである。

何故か朝廷側のルート「秀吉ルート」に繋がって来る。

（一）公家代表、近衛前久は「変」の後、剃髪し嵯峨野に逃げ、さらに家康の駿河国へ逃走、身を隠していた。

六月十九日、信孝、前久を成敗せんとの風説あり（兼見卿記）。

本能寺の変の際の主な武将の位置
「変」は国家プロジェクトか？

本能寺への進軍ルート

（二）変の起きる十日前までに、和仁王や近衛一族、公家達がお祓いをし、災厄除けの祈祷をすませていた。これ以前のお祓いは、三月二日、甲斐の武田攻め、前久は信長に従い出陣の時である。

朝廷側は、連日、各家での会合を持ち、前代未聞の状況を兼見が記している。お祓いは、戦さの前にするのが常套であり、六月二日に起きる事を、全てお見通しだったのか。

（三）秀吉の策略として、家康の堺行の一行に同行させ、見張らせていた信忠（嫡男）を、急遽変更させ、京に誘き出す。それは、信長と信忠二人、同時に討つ為で、その命令を出せるのは秀吉だけ。光秀は知る由もない。

（四）筒井順慶に対しても、京に向かっている途中、「信長は安土に帰ったから領地に帰国せよ」との書状を送っていた。

（五）堺から京に向かおうとする家康に対し秀吉は、

「都は落ち着いたから、領国に戻れ」

この頃、天皇は窮乏状態で、式典をのばしたり、信長にお金の無心。信長は興福寺の別当の人事で対立する。それから正親町天皇を忌み嫌うようになった。

その信長、「朝廷は自分自身である」とし、全ての仕組を自ら「取って変わる」計画が進行中だった。そんな状況を、近衛前久（公家代表）は、

「朝廷には実権がない」

と憂いていた。


信長側の交渉役でもあった、吉田兼見の日記には「本能寺の変」当時の人の動き、時代の流れが、詳細に記録されていて注目。

中でも二条御所から、誠仁親王等の禁裏避難として、輿に乗るを徒歩に改ざん。本能寺炎上が二通り。その時間も二時間の誤差（山科と兼見記）。

光秀の家来の着いた時には、侍一人もいない。白い着物の女達がいて、蚊帳

ばかり吊るされていた（本城惣右衛門覚書）。

炎上ならば女達は騒ぎ、逃げ回る筈だ。光秀軍が到着していない時間帯に、信長が討たれ死体が運び出される。あの秀吉の、「良からぬうわさ話」が気にかかる（二―五参照）。

「本能寺の変」直後の光秀と朝廷側との、親密度、思惑（心情）に、注目したい！

六月九日、凱旋する光秀を「延臣等悉く光秀を出迎ふ」、朝廷残らず光秀を出迎えている。その後、天皇に銀子一千枚（約八十億円）、兼見に五十枚（約四億円）、大徳寺五山に百枚ずつ（約八億円）が手渡される。

当日夕方、連歌師、里村紹巴等と兼見邸での祝宴。そこに幽斉は欠席。この大金を手にした相手方とは、心からの信頼、敬意あればこそ事情が伺える。

光秀は、すでに「死」を覚悟か、「世捨て人」隠者としてか？

慈悲深い光秀には、私利私欲で権力を行使したり、天下取りの野望など微塵も感じられない。

六月十三日、山崎の変、光秀の戦況危い時、兼見日記（別本）は、「天罰眼前」と記す。大金を貰った後、豹変し、本性むき出しにした醜い戦国の駆引きや裏の顔を露呈する。

「変」は、秀吉と朝廷の権力移行への手段であったか。その捨て駒が光秀か！以前より、平穏無事を装う天皇家。財政は、じり貧。武家の支えなくしては維持できない。そんな時には、後ろ盾が欲しい。

信長に冠位を仕向けても突っぱねられた。しかし、官位（格付け）が欲しい、格好の人物、秀吉がいた。関白の冠位を秀吉に授ければ、恩を売り、金銀さえ手に入り贅沢ができる。両者それぞれの思惑が一致する。利権の大きい程、手にする果実も大きいのだ。

こうなれば、実行するのみ。

それが、あの山崎の戦い直後の行動だ。

光秀の消息も分からぬ十四日、朝廷から秀吉へ勅使。この段取りの手早さ。周到な計画が用意されていた事は、火を見るより明らかである。予想通り秀吉は、氏なくして、「関白」という天下人となった。

二－二　兼見卿記の分析

歴史上、最重要とされる資料の吉田兼見の日記。吉田神社の神官であり、朝廷の秘書、交渉役である。大茶会の六月一日は、幽斉と二人揃っての欠席。本能寺の当日の動きを兼見の日記「別本」と「正本」に記されており、二冊の相違点に注目（別本は正月～六月十三日まで）。

五月小

一日、戊午、　神事如常、　賀茂競馬見物、水無瀬兵衛督(親具)同道、皈路之時大草入道宿所へ罷向、内々兼約也、侍従(兼治)・元右同道、興行・馳走丁寧也、

（一行空白）

三日、庚申、　勅許予上階、若御局(誠仁親王妃勧修寺晴子)・万里(充房)少(小、下同ジ)路内々馳走也、　親王(誠仁親王)御方御執奏、最忝次第也、口宣(萬里小路)充房書出之、

四日、辛酉、爲明日礼向春長軒（村井貞勝）、鯉二持遣之、將碁（棊）、暫相談、參下御所（誠仁親王）、明日御礼申入畢、參近衛殿（前久）、御對面、予上階之事申入、

五日、壬戌、兩社（吉田社・齋場所）神事、

六日、癸亥、參陽明御方（近衛信基）御所、鯉二持參、御對面、

七日、乙未（甲子）、禁裏へ爲御礼祇候、上階之儀也、御樽三荷三種・饅頭五十・鯉五、万里少路披露之、今朝妙心院（文慶カ）へ請之間罷向、

八日、乙丑、當番、

九日、丙刁、早（〻脱カ）退出、

十日、丁卯、唯神院殿（吉田兼右）社參、燒香、下御所へ進上御樽三荷・臺物魚五・精進三、御對面、万里少路披露之、二獻之御盃予頂戴之、暫在（有）御酒宴之儀、若御局へス、シ一端進之、入夜退出、仕合能、日野黃門（輝資）所勞、爲見舞罷向、

（一行空白）

十二日、己巳、早〻長岡兵部大輔（藤孝）來、後刻与一郎（長岡忠興）來、蹴菊（鞠）興行、水無瀨督殿（親具）來、進夕食、及暮皈京、

十三日、庚午、長兵滯留、明日安土（近江蒲生郡）へ下向、

十四日、辛未、長兵早天安土へ下向、今度德川（家康）、信長爲御礼安土登城云〻、惟任日向守（光秀）

在庄申付云々、

十五日、壬申、　雨降、　鈴鹿傳左衛門尉親自石州罷上、爲礼來、對面、硫黄一斤、持來、

十六日、癸酉、　家中祈念、百座天度各誦之、二階屋固、安鎮天度百座、若宮（和仁王）御方へ御祓進上之、御表、近衛殿・同御方（信基）・二條殿（昭實）、

安部井弥左衛門尉例年祈念之音信百疋、御祓・五明、息守遣之、

（一行空白）

廿一日、戊刁、　江州日野（蒲生郡）中村与三郎祈念之儀音信、金子三朱、・鯛五、大通庵曝（晒）一端、到來、

廿三日、庚辰、　中村與三郎御祓・手縄・腹帶、大通庵へ御祓・紅帶二筋ス、シ、與三郎男子誕生也、一腰・守遣之、

廿四日、辛巳、　田地普（請脱カ）、新開、新開田地普請、

廿五日、壬午、　聖苗（廟）へ以代官參詣、田地之普請、

廿六日、癸未、　無量院殿（兼和母、妙蓮）燒香、

（一行空白）

廿八日、　新開普請出來、田地一町五段出來、百姓等申付之、自當年上田也、

廿三日、庚辰、　中村與三郎御祓・手繩・腹帯、大通庵へ御祓・紅帯二筋ス、シ、與三郎男
子誕生也、一腰・守遣之、
新開田地普請、
廿四日、辛巳、　田地普（請脱カ）新開、
廿五日、壬午、　聖苗（廟）へ以代官參詣、田地之普請、
廿六日、癸未、　無量院殿（兼和母、妙蓮）燒香、
（一行空白）
廿八日、　新開普請出來、田地一町五段出來、百姓等申付之、自當年上田也、
廿九日、丙戌、　信長御上洛爲御迎、召具侍從至山科罷出、雨降、未刻御入洛、御迎衆各

六月大

一日　丁亥、　兩社（吉田社・齋場所）神事如常、　信長へ諸家御礼云々、予依神事不罷出、明日御礼可申入
所存也、
二日　戊子、　早天自丹州惟任日向守（光秀）、信長之御屋敷本應寺（能、下同ジ）へ取懸、卽時信長生害、同三（織
位中將（田信忠）陣所妙見寺（覺）へ取懸、三位中將二条之御殿（誠仁親王）親王御方御座也、此御所へ引入、卽以諸勢押入、三
位中將生害、村井親子三人（貞勝・清次・貞成）、諸馬廻等數輩、討死不知數、最中親王御方・宮・館女中被

出御殿、上ノ御所へ御成、新在家之邊ヨリ、紹巴(里村)荷輿ヲ參セ、御乘輿云々、本應寺・二
條御殿等放火、洛中・洛外驚騷畢、
悉打果、未刻大津通下向、予、粟田口邊令乘馬罷出、惟日對面、在所之儀萬端賴入之由
申畢、

三日、己丑、　雨降、　日向守至江州相働云々、

四日、庚刁、　江州悉屬日向守云々、

兼見卿記第二　天正十年六月（別本）

五日、辛卯、　日向守安土(近江蒲生郡)へ入城云々、　日野蒲生(賢秀)在城、無異儀相渡城之由說也、

六日、壬辰、　自勸修寺黃門(晴豐)書狀到來云、御用之儀在(有)之、早々可祗候之旨仰也、　卽向勸
黃門、令同道祗候親王御方、御對面、直仰云、日向守へ爲御使罷下、京都之義(儀、下同ジ)無別義之
樣堅可申付之旨仰也、　仰畏、明日卽可致發足、段(緞)子一卷可被遣之、卽請取、退出仕了、

七日、癸巳、　至江州下向、早々發足、
申下刻下着安土、　佐竹出羽守小性新八、爲案內者、召具新八令登城、跡ヨリ予登城、門
外ニ暫相待、以喜介(鈴鹿)罷下之由日向守へ案內、次入城中、向州對面、御使之旨、卷物等相
渡之、忝之旨請取之、予持參大房(フサ)之鞦一懸遣之、今度謀叛之存分雜談也、　蒲生未罷出
云々、

云々、
令下山城、町屋一宿、錯乱之間不弁之爲躰也、
八日、甲午、　早天爲上洛發足畢、　日向守上洛、諸勢至路次罷出訖、　明日至攝州手遣
云々、先勢山科・大津陣取也、　午下刻在所(吉田郷)へ罷上令休息、令祇候委細申入畢、御方御(誠仁親王)
所樣御對面、直申入畢、
九日、乙未、　早々日向守折紙到來云、唯今此方へ可來之由、以自筆申來了、飛脚直令出
京之間、不及返事、　未刻上洛、至白川予罷出、　公家衆・攝家・淸花、悉爲迎御出、
予此由向州ニ云、此砌太無用之由、早々先へ罷出可返申之由云々、卽各へ云、先至在所、
公家衆來也、次向州予宅ニ來、先度禁裏御使早々忝存、重而可致祇候、只今銀子五百枚
兩御所(禁裏・誠仁親王)へ進上之、予相心得可申入之由云、五百枚進上之、以折紙請取之訖、此次五山へ
百枚ツヽ遣之、予ニ五十枚、此内廿枚被借用、大德寺へ百枚遣之、不寄存知仕合也、
於小座敷暫逗留、方々注進、手遣之事被申付也、次進夕食、紹巴(里村)・昌叱(同上)・心前(同上)・予相伴、
食後至下鳥羽出陣、路次へ送出申礼畢、　及晩進上之銀子五百枚持セ罷出、先向勸黄門、
卽令同道祇候、(高倉量子、實父薄以緒)長橋御局披露也、御方御所御對面、委細申入訖、被成奉書之間、直下鳥
羽之陣所へ罷向、銀子之御礼、奉書ヲ向州へ見之、忝之旨相心得可申入也、入夜皈宅、

十日、丙申、　唯神院殿（吉田兼右）社參、燒香、　日向守至攝州相働云々、
西天王祭礼也、乱中之間無神幸之儀、餝神輿、備神供、
十一日、丁酉、　日向守至本陣下鳥羽歸陣、淀（山城久世郡）之城普請云々、
十二日、戊戌、　在所之構普請、白川・淨土寺・聖護院人足合力也、
日向守敵欤、自山崎（山城乙訓郡）令出勢、於勝龍寺（同上）西足輕出合、在（有）鉄放軍、此近邊放火、

兼見卿記第二　天正十年六月（別本）

◇「別本」　二日、戊子、早天。丹州より惟任日向守（光秀）、信長のいる本能寺へ取り懸け、即時信長生害する。同三位中将陣所妙覚寺へ取り懸け、三位中将、二条の御殿（親王御方、御座なり）、此の御所へ引き入る。即ち諸勢をもって押し入り、三位中将生害する。村井親王三人、諸馬廻等数輩討死、数を知らず。最中、親王御方、宮、館女中、御殿を出られ、上ノ御所へ御成。新在家の辺りより、紹巴（里村）、荷輿を参らせ、御乗輿と云々。本能寺、二条御殿等放火。洛中、洛外、驚騒しおわんぬ。

部・安東(マヽ)同道、鞠以後羞夕喰(飡、下同ジ)、小笠原重服也、於神龍院申付夕喰也、盛方院(吉田浄勝)來、
及暮皈京、
▽十三日、庚午、長兵滞留也、明日下向安土(近江蒲生郡)云々、
▽十四日、辛未、未明長兵下向安土、明日十五日徳川(家康)至安土被罷上也、就其各安土へ祗候
云々、徳川逗留安土之間、惟日(惟任光秀)在庄之儀自信長被仰付、此間用意馳走以外也、
十五日、壬申、雨降、鈴鹿傳左衞門親自石州令上洛、爲礼來、對面、硫黃一斤持來、
伊勢左京亮貞泰作之鞍仰左馬允(鈴鹿定繼)シハル、不断之鞍之紋、前輪損之間持遣喜介(鈴鹿)、紋之義(儀、下同ジ)
誂置之、
十六日、癸酉、家中祈念、百座祓各誦之、土藏ニ打屋固札、百座祓、若宮(和仁王)御方御祓進
上之、御表、次近衞殿、同御方御所、次二条殿(昭實)、
持進上鈴鹿修理進了、
去十四日、安部井弥左衞門例年祈念之義音信、青銅百疋・撫物二色到來、翌日十五日
祓・息三オ、守遣之、

廿一日、戊寅、江州日野（蒲生郡）中村与三郎例年祈念之音信金子三朱、・鯛五、大通庵曝（晒）一端到來、

廿三日、庚辰、中村方へ御祓・手縄・腹帯一具、大通庵へ御祓・紅帯二筋ス、シ、与三郎今

度男子誕生也、遣太刀一腰、自相模（北條氏政カ）到來之太刀也、

新開田地普請、

廿四日、辛巳、田地之普請、

廿五日、壬午、田地之普請、北野へ以代官詣了、

廿六日、癸未、無量院殿（兼和母、妙蓮）燒香、

廿八日、田地之普請悉出來、百姓申付了、今度一町五段出來、自當年上田也、

廿九日、丙戌、信長御上洛爲御迎、至山科罷出、數刻相待、自午刻雨降、申刻御上洛、

御迎各無用之由、先へ御乱（森成利）案內候間（之カ）、急罷歸了、

六月大

一日、丁亥、　兩社(吉田社・齋場所)神事如常、　信長へ諸家御礼、各御對面云々、予依神事明日可罷出覺悟也、

▼二日、戊子、　早天當信長之屋敷本應(能、下同ジ)寺而放火之由告來、罷出門外見之処治定也、卽刻相聞、企惟任日向守(光秀)謀叛、自丹州以人數取懸、生害信長、　三位中將(織田信忠)爲妙覺寺陣所、依此事而取入二条之御殿、卽諸勢取懸、及數刻責戰、果而三位中將生害、此時御殿悉放火、信長父子・馬廻數輩・村井親子三人(貞勝・清次・貞成)討死、其外不知數、事終而惟日大津通下向也、山岡館(景隆、近江勢多城主)放火云々、右之於二条御殿双方乱入之最中、親王御方(誠仁親王)・若宮(和仁王)御兩三人・女中各被出御殿、上之御所へ御成、中々不及御乘物躰也、

三日、己丑、　雨降、　日向守至江州相働云々、

四日、庚寅、　江州悉属日向守、令一反(變カ)云々、

五日、辛卯、　日向守入城安土（近江蒲生郡）云々、　日野蒲生（賢秀）在城、不及異儀相渡云々、

六日、壬辰、　自勧（勸修寺晴豊）黄門書状到來、　御用之間早々可祗候之由申來、　即刻祗候了、　親王御方御對面、直仰曰、　日向守へ爲御使可被下之旨仰也、　畏之由申入、明日可致發足之旨申入、段（緞）子一巻被遣之、　請取退出了、　自御方御所（近衞信基）者無御音信之儀、

七日、癸巳、　至江州安土發足、喜介（鈴鹿）・小十郎・与一・弓源三郎・弓金十郎・中間与左衞門・小五郎・孫六・与三太郎、人夫二人、申下刻下着安土、　召具佐竹羽州（秀慶）案内者一人、新八、以此使者申案内登城、　門外ニ暫相待、次入城中、　日向守面會、　御使之旨申渡、　一巻同前渡之、　予持參大房鞦遣之、　次退城、　一宿町屋、不弁之体迷惑了、　當國悉皈附、　日野蒲生一人、　未出頭云（々脱カ）、

八日、甲午、　早天發足安土、　今日日向守上洛、　諸勢悉罷上、明日至攝州手遣云々、　先勢山科・大津陣取也、　予午下刻□（皈カ）宅、　令体（休）息、　參禁中、　御返事申入了、

九日、乙未、　早々自江州折帋到來云、唯今此方へ可來之由申了、不及返事、飛脚直出京、
卽予爲迎罷出白川、數刻相待、未刻上洛、直同道、公家衆・攝家・清華、上下京不
殘爲迎至白川・神樂岡邊罷出也、向州（惟任光秀）云、今度上洛、諸家・地下人礼之義（儀、下同ジ）堅停止之由被
申、於路次對面勿論、於此方無對面之義也、次至私宅、向州云、一昨日自禁裏御使忝、
爲御礼上洛也、隨而銀子五百枚進上之由、以折帋予ニ相渡之、卽可持參候（之カ）由申訖、次五
山之寺へ百枚充各遣之、大德寺へ百枚、予五十枚、爲當社之御修理賜之、五山之內依不
足、賜予五十枚之內廿枚借用之、次於小座敷羞小漬、相伴紹巴（里村）・昌叱（同上）・心前也、食以後
至下鳥羽出陣、次進上之銀子五百枚令持參罷出、　以勸黃門申入候（之カ）処、親王御方御對面、
委細申入訖、銀子長橋御局（高倉永相女）披露了、
十日、丙申、　唯神院（吉田兼右靈社）殿社參、燒香、　日向守至河州表相動云々、西天王祭礼也、依亂中
無神幸之儀、餝神輿、安鎭假殿了、
十一日、丁酉、　向州至本陣下鳥羽皈陣、淀之城（山城久世郡）普請云々、
十二日、戊戌、　在所之構、南之外堀普請、白川・淨土寺・聖護院三卿（郷）之人足合力也、自

摂州山崎表（山城乙訓郡）へ出足輕、勝龍寺（同上）之西ノ在所放火、此義ニ近可（所カ）衆驚、止普請各皈在所、
（朱筆書入レ）「巻首ヨリ此ニ至ルマテ別本天正十年載セシ所ト重複セリ、」

十三日、己亥、　雨降、　中刻至山崎表鐵（鐵）放之音數刻不止、及一戰歟、果而自五條口落武者數輩敗北之体也、白川（山城愛宕郡）一条寺（乘）邊へ落行躰也、自路次一揆出合、或者討捕、或者剝取云ゝ、自京都知來、於山崎表及合戰、日向守令敗軍、取入勝龍寺云ゝ、討死等數輩不知數云ゝ、天罰眼前之由流布了、落人至此表不來一人、堅指門數（マヽ）戶、於門內用心訖、今度南方之諸勢、織田三七郎（信孝）・羽柴筑前守（秀吉）・池田紀伊守（恒興）・丹羽五郎左衞門（長秀）・蜂屋（頼隆）・堀久太郎（秀政）・矢部善七（家定）・瀨兵衞尉（中川清秀）・多羅尾、二万余取巻勝龍寺云ゝ、然間、南方衆此表へ不來一人也、

十四日、庚子、　昨夜向州退散勝龍寺云ゝ、未聞落所、津田越前入道來云、今度日向守當所へ來、禁裏其外五山へ銀子配分之儀、今度於御陣所執ゝ其沙汰、曲事之旨也、有樣慥

可申入之由、織田三七郎御使云々、卽請宅、以直面一々申理了、不承伏氣色也、皈京了、
則參禁裏、右之旨申入之處、親王（誠仁親王）御方御對面、具猶申入了、三七郎方へ早々被遣御使
可被下之由申入候處（之カ）、被成御意得之旨仰也、後刻爲柳原亞相（淳光）御使陣所へ下向了、令退
出、向德雲軒（施薬院全宗）、此義相談候処（之カ）、不苦儀也、羽柴筑前守聊不可有存分、早速可申理、今日

三井寺陣所也、明日者早天江州へ手遣也、先鋻原（桑原貞也）方へ可申遣之由德（施薬院全宗）云、最（尤）也、菟角存分
次第任之由申訖、德使者・予使者左馬允（鈴鹿定継）兩人鋻原方へ申遣了、鋻原返事云、此義更不苦
義也、最前之御使越前入道（津田）者、不可有三七殿（織田信孝）之義、可爲私之存分也、惣別如此不届仕合、
京中方々度々儀也、連々拘置武衞（織田信孝）之門、武衞へ可申遣之由、鋻原存分、直武衞へ遣使者
之処、且以無御存知、然者被召寄越前入道可被相尋之由使者申候処（之カ）、今朝令他行、于今

不歸宅之由返事也、鑿原如推量、越前私之義也、重而若申來者、留置其人可注進之由、
鑿原存分之由申訖、先以安堵了、次禁裏之御使柳原(淳光)皈、御返事云、此義三七郎且以不申
付、曲事也、所詮搦捕其者可有注進之由、堅固之存分也、對予折帋到來、見于左、
津田越前對其方難題申懸之由候、抑我等不申付事、何之輩申懸候哉、不審候、所詮其
者搦捕、其者可被上候、若及異儀可申(脱アルカ)付、恐々謹言、
六月十四日　　　　　　　　　　　三七信(織田三七郎信孝)
吉田神主(兼和)殿
忝之旨申入退出、皈在所各申聞、安堵了、
十五日、壬申、(辛丑)　安土放火云々、自山下類火云々、三七郎殿爲御礼差下侍從(兼治)了、水無瀨兵(親
具)衞督同道也、此人別而三七郎殿御入魂也、今度之儀委細申水無瀨了、更以不苦之由被申

◇「正本」　二日、戊子、早天。当信長の宿泊する本能寺に放火の由告げ来る。門外に罷り出て見るところ、治定なり。即刻、相聞く。惟任日向守（光秀）、謀反を企て、丹州より人数をもって取り懸け、信長を生害す。三位中将、妙覚寺を陣所となす。此の事により、二条御殿に取り入る。即ち諸勢取り懸け、数刻に及び責戦す。果して三位中将生害す。此時、御殿、悉く放火。信長父子、馬廻数輩、村井親子三人討死す。そのほか数を知らず。事終りて、惟日、大津通を下向なり。山岡館放火と云々。右（之）二条御殿において双方乱入の最中、親王御方、若宮御両三人、女中、各御殿を出られ、上の御所へ御成。中々御乗物におよばざるていなり。

天皇側を庇い隠す御所へ脱出の、「徒歩にて」と「荷輿を参らせ御乗輿」この相違。

本能寺の放火の事を告げに来たので門外に罷り出て見た（正本）。別本には書いていない。

信長の最後の場面――別本は「信長生害す」。正本は「信長を生害す」では、「信長自害する」と、「他殺される」となり、黒幕の正体があぶり出される結果となった（朝廷側の兼見の日記）。

歴史上、詳細な日記　吉田兼見卿記（天正十年五月一日〜六月一日迄）

五月　三日　兼見、従三位上階を勅許せられる。
四日　村井貞勝訪ふ（京都奉行）。
四日　誠仁親王に参礼す。
四日　近衛前久を訪ふ（公家代表）。
六日　近衛信基を訪ふ。
七日　参内して上階の慶を奏す。
七日　妙心院文慶に招かれる。
十日　雅仁親王に礼参す。

十日　日野輝資を見舞ふ。
十二日　長岡藤孝、忠興父子来る。
十二日　水無瀬親具来る。
十三日　藤孝安土へ下向す。
十四日　家康安土城に至る。
十四日　光秀接待のため、在荘を命ぜられる。
十六日　和仁王に祓を進む。
十六日　近衛前久等にも贈る。
十六日　近江、日野安部井弥左衛門尉等より、祈年の禮持を送られる。
十七日から二十日までの、四日間は記述なし。上洛の時間が正本と別本では一時間・・・異なる。

和歌、茶会に興じる日が、一日もない。

六月一日の茶会の前のお祓いとは?

縁起でもない不吉だ。

「何」を知ってのお祓いだったのか。

そして、不思議な行動をする「細川藤孝」。

正月は、朝廷等と茶会、歌会を重ね、従兄弟の兼見宅に泊まるが、五月十三日、安土行まで日記に登場しない。六月一日の茶会すら欠席。山崎の戦い終り、秀吉の政権が色濃くなった頃、公家達と頻繁に交流する。

天正十六年正月十九日、京の幽斉邸で茶を点て、皮肉屋のエリートぶりを、秀吉に披露した。これが天皇家の、和歌の教授だ。

(エリート武将——細川幽斉の和歌)

昨日まで　城を修理する　勝家も
けふ(今日)は柴たく　灰と成りける
秀吉は、この和歌に大喜びだった。

二―三　信長の野望と宣教師カブラル

最初に、スペインから宣教師が来たのは、一五四九年、ザビエルであったが、信長の頃は、フランシスコ・カブラルで、カトリック会（三代目）司祭、布教長でもあった。

基本として、日本人には学問を授けてはならぬ。学問を修めると、ヨーロッパ人を尊敬しなくなるからと、日本の修道士は、下位に扱われていた。

時代は戦国の世。戦さには騎馬隊と鉄砲隊が主流。天下統一の為には、是が非でも鉄砲が欲しい信長と、布教を認めさせたいカブラルが接近。願ってもない両者、「渡りに船」である。持ちつ持たれつの関係に発展する。

カブラルは、スペイン国王「フェリペⅡ世」から、仏教界を壊し、日本人の心を骨抜きにして改宗させる事、それが最大の目的、勅命なのである。

日本人修道士には、ラテン語やポルトガル語の学習が許されない。それは、宣教師達の会話や秘密が、悟（さと）られぬようにする為。

信長はこんな頃、宣教師等の前で、

「我こそは神にならん。この日本の頂点に立つ」

と言っていた。

一五八〇年、長崎を宣教師が支配下に置き、大砲を持ち込む。

「日本人の心を盗みに来た」

と、信長の家臣、息子達までもが入信させられ、これがキリシタン大名の始まりであった。

二―四　イエズス会の日本征服

カブラルは、スペイン国王から密約成功の為には、キリシタン大名を増やし、信長と仏教界を対立させ、鉄砲を売る事。イエズス会の布教は、全土へと拡大していった。

一方の信長は、一向一揆での仏教勢力には手を焼き、無視出来ない存在になっていた。そこで、天下統一に向け、仏教弾圧に乗り出す。

一五七一年九月二十九日の比叡山焼き討ちである。

近江に入った信長は、貴重な城郭を攻め落とし、幾多の名刹、古刹を焼き、文献の九割を破壊。自分に反抗したり、敵に協力した者は絶対に容赦しなかった。

この時、光秀、丹羽等の武将は、口をすっぱくして説いた。日吉社の極秘密記には、坊舎一つ残らず焼き尽くし、逃げ回る僧侶、妊婦、美女、小童等かたっぱしから、「首をはねた」この世の地獄。「僧侶の怨嗟の声」一山まるで狩猟場か屠殺場のようであったと記す。

当時の民衆は信長を、

「血の通った人間ではなく、天魔の生まれ変わった奴、今に仏罰があたろうぞ」

乱世のこの時代、社会秩序もなく道徳もない。弱肉強食の恐怖政治に徹した信長とタッグを組み、秘かな計画を進行させている「イエズス会」の存在。日本全土が限りなく、危険な戦いに明け暮れる時代に、急ブレーキをかけた。それが光秀だったのではないか。信長について、極端な専制者で暴虐。病的な憎悪と猜疑と冷血さは際限がない。当時の武将に、こんな人間は一人もいなかったと記す。

●戦国大名の系譜（新説日本史図説より）

守護から転化したもの	今川氏親（駿河）・大友宗麟（豊後） 武田信玄（甲斐）・大内義隆（周防） 佐竹義宣（常陸）・島津貴久（薩摩）
守護代やその一族から転化したもの	上杉謙信（越後）・陶晴賢（周防） 織田信長（尾張）・朝倉孝景（越前）
国人から転化したもの	伊達稙宗（陸奥）・毛利元就（安芸） 結城政勝（下総）・小早川隆景（安芸） 徳川家康（三河）・長宗我部元親（土佐） 浅井長政（近江）・龍造寺隆信（肥前） 宇喜多直家（備前）・相良義陽（肥後）
系譜が不明	北条早雲（伊豆・相模） 斎藤道三（美濃）

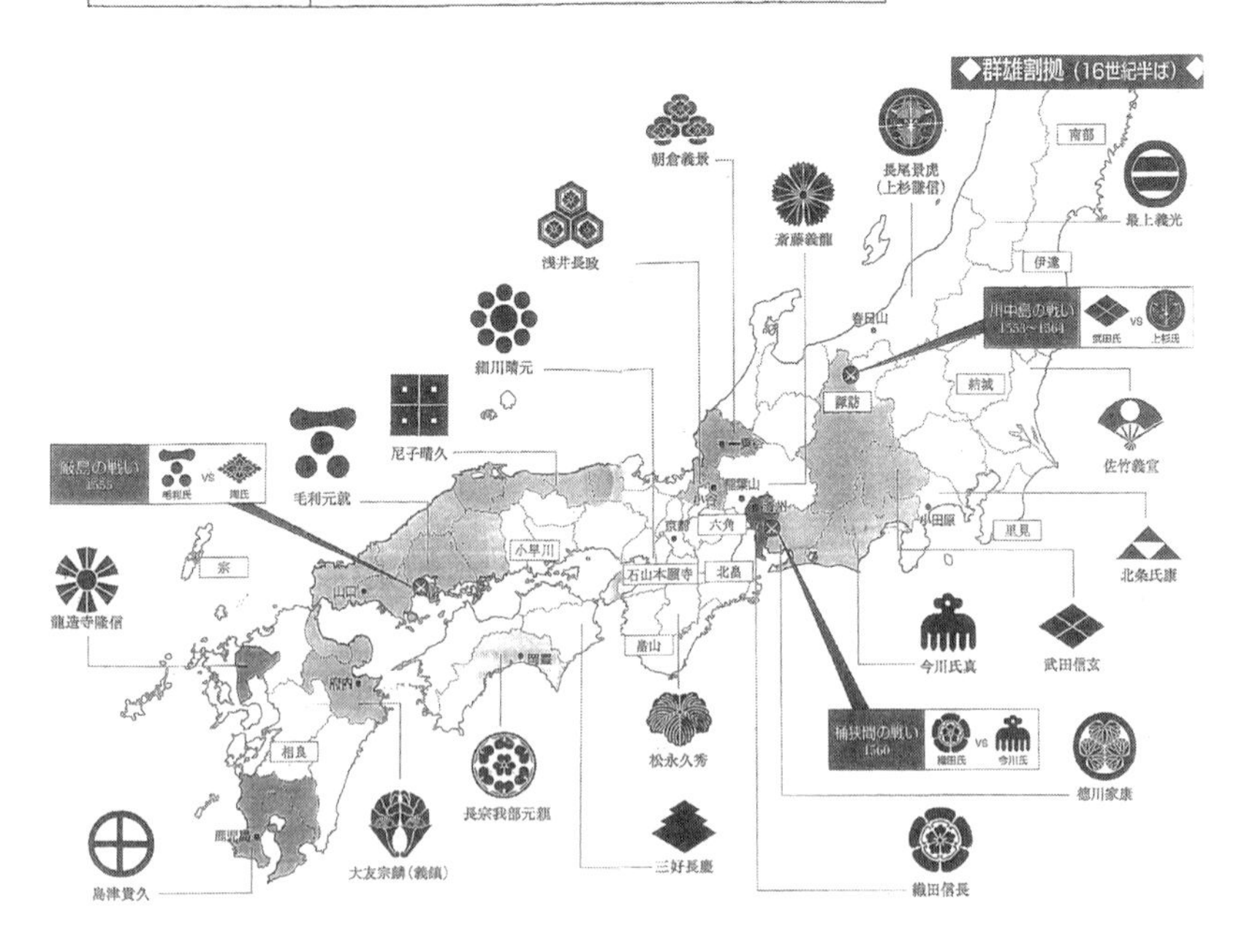

二―五　秀吉の野望とキリシタン大名

秀吉は、信長に仕えた時から天下取りを目指していた。名だたる策謀家、黒田官兵衛や竹中半兵衛を従え、軍略を練った。

いつの頃からか、信長を主君と呼ばず、信長と言い、面従腹背の生き方に変わって行った。

天正十年三月、信長が武田勝頼を攻めている時、秀吉は姫路と京を幾度となく往復していた。それは信長の許しなく、毛利領の大名、小名等に誓紙を送り、抗降を誘う工作であった。この時の恵瓊（えけい）は、

「諸大名を誘っているが、恩賞についいては保証があるか」

と迫っている。これが信長亡き後、「六月四日に成立」という毛利との和睦だ。

そして直後に攻める光秀との山崎の戦い。高山右近と言えば、キリシタン代

表だが、それを臣下に置き、山崎の戦さではイエズス会も秀吉も、利用し合う関係にあった。その大名達を列挙すると、幽斉息子一族、有馬、大村一族、信長の息子と孫、蒲生氏郷、京極高次、高知、黒田官兵衛一族、毛利、稲葉一鉄、結城忠正、池田教正、一条兼定、順慶一族、他多数。これらの面々を手なづけながら秀吉は、短期戦で光秀に勝利する。イエズス会は「光秀に加担するな」の警告をしていた。

光秀の生死も分からぬ六月十四日には、朝廷側の勅使が秀吉へと向かう（兼見卿記）。したたかな、段取りの良すぎる、この両者の密約。朝廷側にして見れば、「天皇簒奪（さんだつ）の計画」を進めていた信長の存在は、「目の上のたんこぶ」。権威が維持され、さらに光秀から約八十億円の収入は、「この世の春」だったのだ。

秀吉は、信長の政策を継承し、キリスト教を指示。一五八六年三月十六日、コエリョを呼び、イエズス会に許可証を発給する。

この頃の朝廷側は、武家政治を終らせ、朝廷中心の一国主義をめざす正親町天皇がいた。譲位を求め続けていた「王政復古」の為に選ばれたのが秀吉だった。なるほど、あの「関白」の称号が、天皇からの名誉ある、最高の見返りであった。

秀吉の野望に協力した大名の中に、細川幽斉がいる。山崎の戦いでは光秀にそっぽを向け、領地で静観するかと思えば、その裏の顔、秀吉の臣下となり、「血判状」に見る大役を果していた。

その書状には、「この度、信長が自刃に追い込まれた本能寺の変で、細川家の行動は、比類なきたのもしさであった」と記している。幽斉は本能寺の茶会にも欠席。裏工作に暗躍していた。

野望の加担者に「哀れな末路」の武将達がいた。天正六年から本能寺の変までに、関わる行動を熟知している者達を、証拠隠滅のために、次々に抹殺。中川清秀、池田恒興森長司を見殺し。織田信孝や丹羽長秀を自殺させ、蜂屋頼孝、堀秀政は施薬院全宗（医者）を使い、毒殺。秀長、秀勝、利休、切腹。津田宗久や今井宗久を暗殺。強欲の果てに、朝鮮出兵へ。十五万出兵の五万人は飢餓と病気で帰らず。関白の名誉に、暗部が横たわっていた。

そして——野望の決定打がこの話である。

秀吉の良からぬうわさで、以前から、こんなこぼれ話があった。

変の前の事、官兵衛、小六、秀長の重臣三人の席、評議所での秀吉。

「いよいよだで、明日の早朝、お館様は死ぬらしいのお」

天気でも話すかの様に、主君の死を話す。秀長は仰天して、官兵衛、小六、顔合わせる。弟から、

「何故、知っとる」

と聞かれると、

「わしは元々、乱波や。蜂須賀党の仲間だでぇ」

「あれだでぇ・・・、家康も細川も狙っとるんじゃ。わしの手の者、蜂須賀党

中心に、本能寺に向かうらしいのう。

よもや、討ちもらしは、ねぇじゃろ。どこかの者が討つ。お館様が死んだ後、家康か藤孝か朝廷か。犯人は、わかりゃあせん」

「そんな時は、織田信忠か、光秀に責任、おっかぶせて、そのまま抹殺したるわ」

「藤孝がうわさ流しとるで。主君の仇討ちがわしだっちゅう事実がほしいんだでよ」

二―六　謎の日海と信長の首塚

本能寺での大茶会は盛大に行われたが、酒宴の後、夜中の十二時過ぎまで信長にべったりついていた人、それは本因坊一世の日海だが、日蓮宗寂光寺の僧侶でもある。小倉山の中腹にある寺は、紅葉の美しさでも有名で、宇多法皇が和歌にしている。

小倉山　峰のもみじ葉　心あらば
今ひとたびの　みゆき待たなむ

（藤原定家の歌）
忍ばれむ　物ともなしに　小倉山
軒端（のきばし）の松ぞ　なれてひさしき

この寺の日海が、本能寺の変の時、信長の首を持って姿を消したと言う。弟子である日順上人の寺（静岡県）西山本門寺に信長公の首塚があった。何故日海が、誰に指示されたのか。

囲碁の夜、四時間後に起こる事件、信長事件の鍵を握る重要参考人である近衛前久と日海とは、囲碁仲間で親交が深い。

光秀軍が着いた時には、信長の姿は本能寺から消え、その首も持ち去られていたのだ。そう、この寺の日順上人の父（原志摩守）が日海に頼まれ持ち帰っていた。

信長の首塚には、柊を植え葬った。この木は、魔除け、厄除けの意味を持ち、葉は険しい棘、触るとヒリヒリ痛む。そこに人が近づかぬよう、信長の霊を鎮める意図があった。

富士五山を構成する寺は、京都上行院を通じ、後水尾天皇、常子内親王等の帰依を受けた。夫である近衛基熙（もとひろ）が、関白になった際、後水尾天皇の位牌を納め、本門寺を祈祷所と定めた。この寺は、秀吉や家康の庇護を受け、一六一一年、日海は僧侶最高位の「法印」に叙せられる。法印の裏に、隠されている事変は在りか無しか。

朝廷側に利益を持たらし、重大な功績を成し遂げた者にしか、「法印」は授与されないからだ。一介の僧侶の、突出した出世の裏には、歴史の深い闇が存在しているのか。

二―七　情報収集と名脇役

戦国時代、「生か死」の世では、情報を入手する事が早ければ早いほど効果あり、勝敗の決め手となる。

一．松井康之（細川藤孝の家老）

「変」の四年前から、二度も秀吉の戦さに加わり、信頼度は上々。以前から秀吉に情報を流す間柄だった。秀吉ルートは、高松の陣から長浜までが確保されていて、夜久（やく）氏の但馬、丹波を通り、福知山、京都に至る。このルートを、秀吉の家臣達も往復していて、情報全てが細川家から秀吉へ。秀吉政権になると、幽斉は参与に出世していた。

二．安国寺恵瓊（えけい）（毛利氏の外交僧）

秀吉とは「変」の十年前から、毛利と織田間の調整役として活躍。本能寺事件の時、秀吉の高松城水攻めで、和睦が仲々決まらずにいた。その難関に、城主、清水完治に切腹をさせ、一気に和睦させた功労者である。後に秀吉の家臣となる。歴史は、皮肉だ。毛利に滅ぼされた安芸武田信重の遺児が、恵瓊なのだ。

三．杉原家次（杉原殿）

秀吉の身内で、家康の堺行の一行に、スパイ役として潜らせた（宇野主水日記）。

家康の上洛日を掴む目的で同行する。信長が家康を討つその日だった。その日が分かればば、秀吉の命に応えられる。

六月二日の早朝、家康が動いた。即、堺を離れ、備中の秀吉に走った。「惟任退治」には、六月三日夜半許（ばか）り、密かに注進あり。

この人の正体は、秀吉の妻、寧(ねい)の叔父だった。秀吉の政権になると、京都奉行の桑原貞也を罷免し、八月十三日、浅野長吉と杉原家次が抜擢された。

四．里村紹巴(じょうは)（連歌師代表格）

表向きは歌人だが、朝廷、公家、大名間を渡り歩き、教授としては恰好な情報屋。

天皇から豪商まで各地を巡り、くまなく、情報、生の声を収集する。

本能寺の変当日の事、二条御殿にいた親王御方、若宮御両三人を、

「荷輿を参らせ御乗輿」

上の御所へ無事に御成。

この時の早い処置、色々な情報の早耳の者でないとこうは出来ないのだが。

（兼見日記の正本は、これとは全く違う「徒歩にて」と大嘘を書いている）

里村は、「別本」で本当の事を。

「正本」は、嘘の事を書く兼見を、歌仲間、飲み仲間として和歌にしたら、どんな風に表現するだろうか。

真実はひとつ、荷輿を用意させたのは、連歌師里村紹巴なのだ。

これら一つ取っても、ひた隠しにしたい朝廷、悟られたくない「本能寺の変」の真相。

二一八　光秀と家康の友情

信長から信頼された光秀が、織田家に弓を引く。

不幸は突然にやって来た。安土城での光秀と信長「二人だけの密室」の話。それが、「家康を討つ」であった。

天下統一の目標の中に、毛利攻め、長宗我部、家康が入っていた。幼い頃、竹千代（家康）は織田家へ人質に出され、織田家と徳川家は敵同士の間柄。後年、両者間で軍事同盟を結び、それは、二十年以上続いていた。その同盟が堰を切ったように、家康の身に襲いかかろうとしている。

「信長は、いつか家康を殺すだろう」

うわさは流れていたが、それが刻々と迫り来る。何としてでも、食い止めねばならない。この時、四国の長宗我部元親も、同じ運命にあった。

光秀公の連歌（愛宕山にて五月二十九日）

時は今　あめが下なる　五月かな（光秀）

水上まさる　庭の夏（西坊）

花落つる　流れの末を　せきとめて（紹巴）

第三章

行動は
その心情を表わす

三―一　密約の封印

この世から信長が逝き、光秀が逝き、虎視眈々と天下を狙う秀吉の思惑通りになって来た。そこで、本能寺の変、山崎の戦いで、正体を表わす事なく静観に徹した細川、信長に討たれると光秀から告げられた家康、そして、秀吉。

それぞれの生い立ちから見た、人間像に焦点を当てて見たい。

○細川藤孝　　生まれながらにご落胤の身で、母は妊娠したまま三淵晴員に下賜され、父の名も受け継ぐ事なく悲しい船出。

歴史の表舞台に登場したのが、元服し細川家の養子になってからである。四十歳にして、実家「足利幕府」の滅亡を見届ける。出自から「負け組」を味わい、将軍家の凋落を目の当たりにした幽斉は、この先は「勝ち馬に乗る」と、究極の人生訓を学んだ。

いち早く教養を生かして、天皇家の和歌の教授となる。大きな後ろ盾を得て、公家達とも交流三昧。

そして、財力、勢力、情報収集力、人心掌握術に長けた秀吉方に付く。「寄らば大樹の陰」、この強大なる二大勢力を踏み台に生きた細川家である。明治維新まで大大名家の名を轟かせた。

○家康　母と三歳で離れ離れに。六歳の時、今川に人質となる。織田信秀にも人質に出される。

今川義元の姪（築山殿）と結婚。一五六〇年、桶狭間で信長に討たれた今川から、岡崎へもどる。信長と清州同盟を結ぶが、その後、正妻の築山殿、嫡男（信康）が謀反人とされ、信長の命令で、自ら二人を殺める事になる。

自身の二度の不遇時代と、家族の不幸に何を悟ったのか。それは、徳川家の世、二六〇年の歴史を刻んだ・・・。

○秀吉　名もない貧乏な針売り、草履売り時代を経て、お金儲けと人の心を掴んだ。これが立身出世への第一歩となる。

好き嫌いの激しい信長に、「懐に草履を入れ温めておいた」この機知に富んだ対応で、能力主義の信長に厚遇され、スピード出世と繋がる。

信長の生い立ちから推察すれば、織田家の家臣同士の対立、親兄弟の殺し合い、旧来の家臣、家族も信用できない。猜疑心の強い信長は、高い身分や縁者ではない、新参者の秀吉を、人材登用させたと考えられる。

秀吉は、天下取りを信長に学び、自ら夢を投影しながら、信長には面従腹背を通し、自分の目的にこそ、やりがいがある、意味があると考えた。三者の行動、思惑、諸問題に対しての一切を「無」と扱い、「利益と家の繁栄を誓って、〃密約〃とした」。六月二十七日、清州会議での事、秀吉には敵対しない事、家康にはその代償として、甲斐信濃を与えるとした。そして、「見ざる、言わざる、聞かざる」を約束。

謀反は、光秀の単独犯行とされ、個人的な怨みであったと後世に残した。

三—二　細川、光秀、信長の出会い

細川藤孝と言えば幽斉の事だが、出自は足利義晴の御落胤だった。三淵晴員の子として育てられ、父義晴に御目見を許されたのは一五三九年、万吉（藤孝）六歳の時の事。この時義晴は、幕府の御供衆、細川元常の養子とし、家督相続後は、御供衆として奉公するよう命じた。義父は、大名格と言われた家柄であったが、室町幕府の組織や制度は乱れ、細川同士の対立が続いて、政情不安に陥る。十三歳で元服した万吉は、藤孝と名乗り、武家奉公、諸作法を身に付けたものの、身内や権力者の抗争で、何度も近江へ亡命する。争乱の中心は三好長慶だが、いつの間にか畿内屈指の実力者になっていた。

藤孝二十五歳の時、役務も多岐多端なものとなり、景虎の将軍拝謁の際、奏者（取り次ぎ役）を拝命。その時の大名、武家衆の礼儀作法の優美さと、厳然たる礼の世界に感動する。

そんな知識の習得に励んでいた頃の事、将軍義輝が暗殺される。藤孝は当日非番で青龍城にいた。急ぎ奈良興福寺の覚慶（義輝の弟）を訪ねるが、監禁の身である。一色、米田の幕臣の力を借り、救出にこぎつける。第十五代将軍、義昭である。その後、義昭は若狭武田の義統、朝倉義景等を頼り、身を寄せる。上洛を促すが腰を上げず、一五六八年、永禄十一年、信長に奉ぜられて上洛する。ここまでの藤孝の助力はめざましかった。その頃、朝倉に客将扱いとされた光秀を、義昭の直臣に推挙。そしてその光秀を尾張の信長との連絡役に決めたのも藤孝である。

以前から信長の力量を買っていた。

この時、藤孝は三十五歳。幕府の中枢にあって、府側の発給文書の多くに藤孝の署名。公家衆の間でも知られるようになっていた。

永禄十二年、義昭は従三位で参内したが、藤孝最初の昇殿である。そうした夢も束の間、二重支配の政治は、信長と義昭を対立へと加速させる。藤孝と信長の間では、親密さがただならぬ事態になっていた。外交の窓口であった藤孝が、信長への情報漏洩となってしまった。度重なる信長からの援助が、家臣の離散や引き抜きに発展していった。

元亀二年光秀は、信長から近江滋賀郡五万石を与えられ、坂本城主となると、義昭の前に姿を見せなくなった。

一五七三年、形だけの足利政権の衰退に、藤孝も決別の覚悟をしていたのか・・・運命は程無く訪れた。信長に二条御所を奪われ、義昭は京都から追放される。室町幕府の終焉を見届けた藤孝。

三人のめぐり合わせは、足利義昭のもとで信長と繋がり、光秀は藤孝より一足先に、信長の家臣となっていた。

そして、「本能寺の変」。関わったのは、光秀である。藤孝父子に於いては、天王山にも加担せず、縁戚でもありながら（忠興の妻は光秀の娘）、敵対する秀吉臣下にあった。

藤孝は足利幕府での光秀の位置づけを忘れる事なく、生涯、相容れぬ強い意志を貫いた。

三―三　家康と斉藤家の絆

「福」と言えば、あの「春日局」。

家康の時代に移り、政権は秀忠から家光へ。その実母の名が福だった。乳母として徳川家に登場するが、光秀の重臣であった斉藤利三の娘である。本能寺の変後、明智残党狩りは厳しさを増し、家族は四国の長宗我部元親の所へと逃れていた。

福は後に稲葉正成と結婚。五人の子の母としてスタートしたが後妻の身。夫は浪人となり離縁されてしまう。長男一人を連れ、向かったのは江戸。竹千代の乳母役の募集に合格する。

家光の教育係も兼ねていたが、次第に大奥で権勢を振るう。家康からの厚遇で、利三の息子は旗本に、福の子は小田原城主、八万五千石。斉藤利三への恩に報いる家康の心中が、にじみ出ている心配りであった。

家光の名は、家康の家を一字取り、光秀の光を取り、家と光からなる。家光は、家康の実子であった。

三―四　戦国への追憶

戦国の世は、室町幕府の権威の失墜と、信長に京都から追放され、終焉する。

「本能寺の変」で、天下の覇者は逝き、秀吉――家康へと時代は移り行く。

越前へと逃れた六人衆も、身を潜め、怯えながらの日々は、終りを告げる。

秀吉の命、風前の灯・・・。

その頃（一五九八年）の検地帳には、初めて六人衆の山畑に名前が明記された。

牛房ケ平の里は、小浜方面を見下ろす絶景にあり、心地良い海風が頬をなでていく。遥か遠くに見える立石岬、その先・・・、若狭路への思いは、如何許(いかばか)りだったただろうか・・・。

あとがき

六人衆が生きた「戦国時代」………。

果てなき権力闘争に、明け暮れる中、一族が如何に、生き長らえるか……。

民の運命も領地の首長と共同体。その底流にあるのは「生か死」の生き地獄！

――光秀は、そんな世を振り返り「生きるとは何なのか」勝つか負けるかでない。

――そこに「生きる意味がなければ…ならない」戦さの世を終らせ、安寧の世へ………導くことである――光秀の熱き思いが――爆発した………。

〝ドイツの哲学者・ヘーゲルの名言〟

ミネルバの　ふくろうは
「迫り来る　黄昏の時　飛び立つ」

――それは、光秀の「本能寺の変」………なのかも知れない。

最後に

平成二十八年……秋日和……。

「姉さま…人生最後の思い出に、もう一度…平（だいら）に行って見たいね。先祖の墓参りもしたいしね……」実現した日…だった。

車を貸し切り、S字カーブばっかりの、道巾すれすれの山道を行く。ベテランの運転でも、二十分……。記憶にある、村の入り口に、遠藤の家――倉谷の家と蔵が見えて来た――平（だいら）へ。

「あ…やっと来たね」

上津家の前は、村の駐車場になっている。しかし…行き交う人が一人もいない。村の人口は、五人という、――「限界集落」に変わり果てていた。

「お邪魔します」

仏壇にお供物をし、手を合わす……。家の中を見て回ると、重厚な造りと木材の見事さは昔のそのまま。玄関先のいちょうの大木だけが、歓迎する様に、黄色い実をたわわにして――幼ない頃の思い出を連れて来た……。

倉谷家のアルバムを、夢中に見入る私達に、ばあちゃんが語り始めた……。

「平の先祖はなぁ……若狭方面から逃げて来た」

秘めていた胸の内…吐き出す様に……。

三〜四歳の頃――わくわくしながら辿り着いた里……午房ケ平の苦悩が、村の伝言として、残っていた。念願の平への旅を終え、「六人衆が歩んだ人生」を忘れない為に、生きた証を形にしたい……と決心する。

二〇二〇年を目標に、歴史資料と現場を見て回る。年代・出身地・

主君と戦（いくさ）――追い求めていた時――――（明智光秀と称念寺）の講演――

――偶然にも四三八年前の…光秀の援軍として、参戦した子孫と光秀の末裔が、挨拶を交し、同じ会場にいる………何という感動的な…歴史秘話だろうか！

――六人衆の侍と「光秀公」の息遣いが、聞こえて来る様な………気配がした。

二〇二〇年　七月吉日

岬　奈　美

参考資料

1 越前町史（上・下）
2 南越前町史
3 小浜若狭史
4 歴史の証人
5 戦国歴旅
6 山崎の戦（高柳 光寿）
7 本能寺の変（小林 久三）
8 秀吉謀反（土岐 信吉）
9 本能寺の変は変だ（明智 憲三郎）
10 本能寺の変四三一年目の真実（明智 憲三郎）
11 光秀からの遺言（明智 憲三郎）
12 細川史興・幽斎のすべて（米倉 正義）
13 湖笛（上・下）（水上 勉）
14 信長暗殺は光秀にあらず（馬野 秀行）
15 兼見卿記…別本と正本（吉田 兼見）
16 明智家の末裔たち（明智 憲三郎）
17 戦国合戦大辞典（戦国合戦史研究会）
18 日本の家紋と氏名（伊藤 みろ）
19 朝倉義景のすべて（松原 信之）
20 徳源院の資料
21 福井県史9（二冊）中
22 安芸・武田一族（高野賢彦）
23 若狭記憶（八木厚夫）
24 安芸武田家と若狭守護職
25 信長公記（太田 牛一）

26 清水三郎右衛門文書
27 小浜市史金石文編（2巻）
28 続群書類従（完成会）
29 小浜市史社寺文書
30 戦国の若狭（大森宏）
31 越前町史（中橋鋏治）
32 高浜町史
33 江侍聞伝禄
34 国吉籠城記（武田久二）
35 若州一滴文庫
36 家紋から日本の歴史をさぐる
37 清伝寺所有の文書（多賀兼）

添付資料の明細（項目別）

一―一　若狭源氏…清和天皇
近江源氏…宇多天皇

一―二　近江源氏の家紋
土岐枝流宮川系（清和天皇）
土岐頼直の文書
宮川（姓）の文書と土岐一族系譜
上津氏の家紋
落武者の故郷…大清水の文書
清水三郎右衛門家文書
光秀の出自と佐目の地

一―三　ざくろの花咲く午房ケ平　倉谷の皿

協力者の方々（敬称略）

1　多賀兼（清伝寺…米原市大清水）
2　上津陽司（米原市）
3　倉谷たまえ（午房ヶ平）
4　中橋鋏治（越前町）
5　松下敬一（あすわ歴史館長）
6　小浜…明通寺
7　小浜…神宮寺（山川尊聖）
8　教覚寺（越前市）
9　滋賀県教育委員会（仲川靖）
10　小浜市役所

11　滋賀県立図書館
12　福井県立図書館
13　柏原宿歴史館
14　彦根城博物館
15　米原歴史文化財保護課
16　若狭歴史博物館
17　桜木図書館
18　山東図書館
19　県立歴史博物館

プロフィール

岬(みさき) 奈美

一九四三年　福井県生まれ

著書　歯で殺されないために（ＪＤＣ出版）

作詞　いこさ越前　越前サンバ　作曲　原良次　編曲　奥下順造

作詞　三上博司（石本美由紀門下生）氏に師事

趣味　ギター・絵画・民謡

◎ご感想などは、出版社宛にお送りください

ＪＤＣ出版　電話（０６）６５８１-２８１１　ファックス（０６）６５８１-２６７０

メール　book@sekitansouko.com

花散る時

戦国と落武者六人衆の真実

発行日
2021年2月1日

著 者
岬 奈美

発行者
久保岡宣子

発行所
JDC出版

〒552-0001 大阪市港区波除6-5-18
TEL.06-6581-2811(代) FAX.06-6581-2670
E-mail：book@sekitansouko.com
H.P：http://www.sekitansouko.com
郵便振替 00940-8-28280

印刷製本
モリモト印刷（株）